Bibliografische Informationen der Deutschen Nationalbibliothek:

Die Deutsche Nationalbibliothek verzeichnet diese Publikation in der Deutschen Nationalbibliografie; detaillierte bibliografische Daten sind im Internet über http://dnb.d-nb.de abrufbar.

2., unveränderte Auflage, 2011

Gesamtherstellung: Norea Repro Druck & Verlag, Marija Miksche
9020 Klagenfurt • AUSTRIA
office@norea.at • www.norea.at

Gestaltung: Adrian Čimžar

ISBN 978-3-85312-026-2

I N H A L T

Danke

allen, die mir bei der Verwirklichung dieses Buches mit Rat und Tat beiseite standen.
Danke **Lilo** für die Deko-Ideen,
Monika Lengsteiner für ihren kollegialen „Senf“ beim Korrekturlesen,
Dr. David Koppensteiner für die fachmännische Kritik der TCM-Theorie,
all den **Müttern und Kindern** aus meinen Kursen für die Anregungen und Ermutigungen
und Danke
Lukas (1) für die Inspiration *„Hirse? Bäh, Hafer ? Mmh“*
Simon (12) für die Kritik, *„Das is' O.K., das würden sogar meine Freunde essen!“*
Anja (4) für die Unterstützung beim Kochen, *„Ich geb' noch etwas Kardamom in's Breili.“*
und natürlich **Christian** für seine geduldige Mithilfe.

Die Idee zum Buch

entstand, als mein kleiner Sohn Lukas zur Welt kam.
Ich hatte in den ersten Lebensjahren meiner Tochter Anja schon reichlich Gelegenheit, die Fünf-Elemente-Küche zu erproben und sogar unser „großer“ Simon fand langsam Gefallen am warmen Frühstück, wenn es nur nicht süß war.
Nun kam wieder ein Baby in unsere Familie und es hieß weniger würzen, leicht Verdauliches, Süßes und Saftiges kochen, das möglichst allen schmeckt.
Ich hatte nicht die Zeit und Lust zu jeder Mahlzeit mehrere verschiedene Speisen zuzubereiten.
Also wurde kreiert, probiert, experimentiert und vor allem püriert!

Der Titel des Buches

ist das Lieblingslied meiner Tochter ANJA: Ein Volkslied aus Baden

Es war eine Mutter, die hatte vier Kinder,
den Frühling, den Sommer,
den Herbst und den Winter.
Der Frühling bringt Blumen,
der Sommer bringt Klee,
der Herbst, der bringt Trauben,
der Winter den Schnee.
Und wie sie sich schwingen
im Jahresreihn,
so tanzen und singen
wir fröhlich darein.

Rezeptvorschlag

Man nehme 12 Monate, putze sie ganz sauber von Bitterkeit, Geiz, Pedanterie und Angst
und zerlege jeden Monat in 30 oder 31 Teile, sodass der Vorrat genau für ein Jahr reicht.
Jeder Tag wird einzeln angerichtet
aus 1 Teil Arbeit und 2 Teilen Frohsinn und Humor.
Man füge 3 handvoll Optimismus,
1 TL Toleranz,
1 Msp Ironie und
1 Prise Takt hinzu.
Dann wird die Masse mit reichlich Liebe übergossen.
Das fertige Gericht bestreue man mit einem Bund Aufmerksamkeit
und serviere es täglich mit Heiterkeit.

Grundlagen der TCM

In der traditionellen chinesische Medizin (TCM) ist Gesundheit definiert als dynamische Balance von Yin und Yang!

Was ist Yin und Yang?

Das Symbol von Yin und Yang drückt die Einheit von Gegensätzen aus. Yin ist das Weibliche, die Nacht, das Wasser und abhängig von Yang, dem Männlichen, dem Tag, dem Feuer. Das Yang ist wiederum von Yin abhängig – ein ewiger Kreislauf also – fehlt ein Teil, dann kann es nicht zur Vollendung kommen. Das ist die einfachste und essenziellste Erkenntnis der Welt.
Harmonie und Gesundheit sind das Ergebnis dieser fließenden sich ständig bewegenden Gegensätze in Ausgewogenheit und Einheit.

Was ist Qi oder Chi (sprich Tschi)?

Die altchinesische Bedeutung von Qi ist Dampf, Gas, Wind.
Qi ist einer der grundlegenden Begriffe in der Chinesischen Medizin und kann nur unzureichend mit Äther, Materie oder Lebensenergie übersetzt werden. Qi ist feinste Substanz.

Man könnte auch sagen:
Alles ist Qi und Qi ist alles,
denn Leben ist Energie, Schwingungsenergie.
Materie, die nicht schwingt ist tot.
Man unterscheidet verschiedene Arten des Qi, die sich auf bestimmte Körperteile oder Aktivitäten beziehen.
Das Ursprungs-Qi – YUAN QI
Das Nahrungs-Qi – GU QI
Das Luft-Qi – KONG QI
Sind die Quelle für das Wahre Qi – ZHEN QI – kurz QI

Physiologie der Organe

(Funktionskreis vs. Westliche Organe)
In der TCM unterscheidet man zwischen Yin- und Yang-Organen den Zang und Fu.
Leber, Lunge, Milz, Niere und Perikard (Herzbeutel) werden zu den Yin-Organen gezählt. Yang-Organe sind Magen, Dünn- und Dickdarm, Gallenblase, Blase und Dreifacher-Erwärmer. Jedes Organ hat verschiedene Funktionen zu erfüllen.
Spricht man in der TCM von der Milz oder Lunge, so ist immer der gesamte Funktionskreis gemeint.
Unter Funktionskreis der Milz z.B. versteht man nicht das Organ Milz aus westlicher Sicht,

sondern die eigentlichen Verdauungsorgane wie Dünndarm, Zwölffingerdarm und die wichtigste Verdauungsdrüse, die Bauchspeicheldrüse. In Folge sind mit dem Begriff Milz immer diese Verdauungsorgane gemeint.

Qi-Gewinnung

Wir bekommen von unseren Ahnen und Eltern vorgeburtliche Energie mit einem Yin- und Yang-Aspekt vererbt. Diese Energie ist in den Nieren als Jing Qi und Yuan Qi gespeichert.
Je mehr vorgeburtliche Energie man einem neuen Menschen mitgegeben hat lässt sich z.B. am Haarwuchs bei der Geburt erkennen. Babys mit viel Energie haben viele dunkle Haare, auch wenn sie nach einigen Monaten blond werden. Sie zahnen früh und relativ leicht oder beginnen früh zu krabbeln bzw. zu laufen.

Nachgeburtliche Energie gewinnen wir zum Großteil aus der Nahrung.

Die Speisen kommen in unseren Kochtopf, den Magen. Dort wird mit Hilfe der Nieren-Energie (Yuan Qi), dem sogenannten Verdauungsfeuer, die Nahrung fermentiert. Wichtige Nährstoffe werden aus dem Nahrungsbrei extrahiert. Die TCM spricht davon, dass die Milz die Nahrung in feine und grobe Stoffe trennt.
Die Milz produziert mit Hilfe der Leber das Nahrungs-Qi (Gu Qi). Der klare, reine Teil der Körpersäfte (JinYe) wird nun nach oben, zur Lunge und zum Herzen transportiert. Aus Schulmedizinischer Sicht würde man sagen, die Aminosäuren und Fettsäuren werden über die Oberfläche des Dünndarms vom Lymphsystem und vom Blutkreislauf aufgenommen. Die bildhafte Beschreibung der TCM schildert die Umwandlung von Nahrung in Muskelenergie wie folgt:
Die Lunge holt sich aus der Umgebung das Luft-Qi (Kong-Qi) und wandelt das Nahrungs-Qi um in jenes Qi, das in den Meridianen fließt – das wahre Qi (Zhen-Qi). Je ausgewogener und qi-reicher unsere Nahrung ist, umso mehr Lebensfreude, Vitalität und Kraft können wir daraus gewinnen, ohne unsere Nierenenergie vorschnell zu vergeuden.
Die Lunge verteilt die Körperflüssigkeiten an die Haut und verteilt das Qi unter anderem an Dickdarm und Nieren.
Der Nahrungsbrei aus der Milz wird an den Dünndarm weitergegeben, wo er wiederum mittels Nieren Yang in rein und unrein getrennt wird.
Der unreine Teil wird über Blase und Dickdarm ausgeschieden.
Der reine Teil geht zur Niere und wird als nachgeburtliche Essenz (Jing-Qi) gespeichert.
Die vorgeburtliche Energie können wir nur mittels größter Anstrengung (35 Jahre lang täglich eine Stunde Qi Gong bringt einen Tropfen Essenz) wieder auffüllen, mit ihr müssen wir also sehr sorgfältig haushalten.

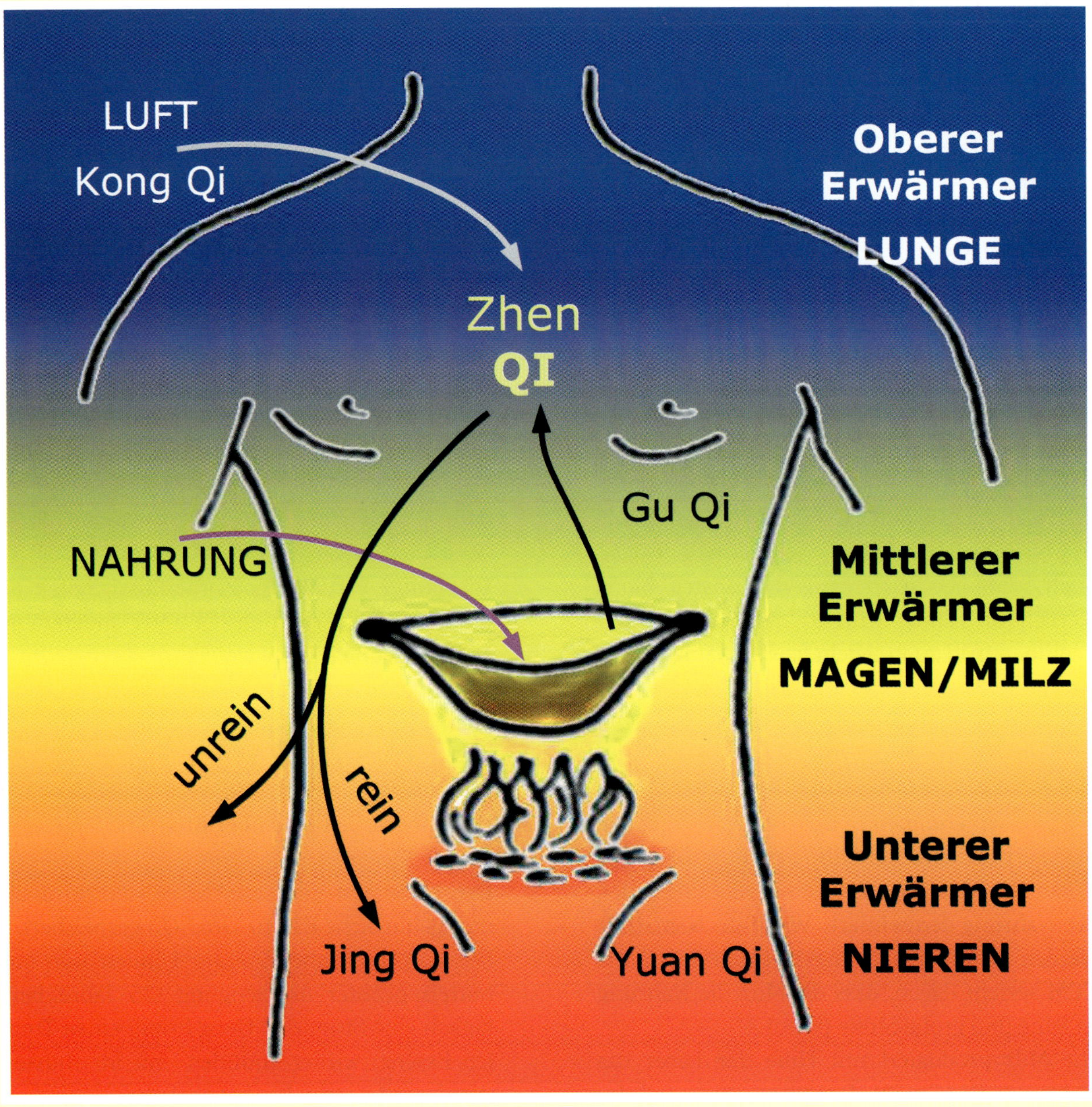
LUFT
Kong Qi
Oberer
Erwärmer
LUNGE
Zhen
QI
Gu Qi
NAHRUNG
Mittlerer
Erwärmer
MAGEN/MILZ
unrein
rein
Unterer
Erwärmer
NIEREN
Jing Qi
Yuan Qi

Zu einer vorschnellen Erschöpfung der vorgeburtlichen Energie kommt es vor allem durch schlechte Ernährung, den Konsum von viel Kaffee und schwarzem Tee, Stress und Schlafmangel, die Verwendung von Abführmitteln, eine exzessive Lebensweise mit z.B. viel Rauchen oder Drogenkonsum, dazu zählt natürlich auch Alkohol, durch die Einnahme von Medikamenten, welche die Nieren sehr stark kühlen wie z.B. Cortison; aber auch durch dauernde Überarbeitung und viele Geburten erschöpfen wir unser vorgeburtliches Reservoir.

Was versteht man unter schlechter Ernährung?

Das sind Nahrungsmittel und Speisen, welche die Organe des Mittleren Erwärmers schädigen oder aufgrund ihrer thermischen Wirkung zu sehr abkühlen.
Speisen aus der Tiefkühltruhe, Dosenprodukte, Fertiggerichte oder Fertigsoßen sind aufgrund der vielen chemischen Zusatzstoffe bzw. der eiskalten Thermik besonders energielos.
Werden Speisen in der Mikrowelle aufgetaut, zubereitet oder angewärmt, so nimmt man ihnen jegliche Energie. Überdies, schädigt man seinen Körper sogar noch durch die Schwingung der Mikrowellen. Vor allem Krebspatienten sollten darauf achten, keine Mikrowellenkost zu essen.
Unsere Milzfunktion leidet auch darunter, wenn wir viele Brotmahlzeiten, Müsli oder anderes ungekochtes Getreide essen.
Besonders schädlich auf unser energetisches Gleichgewicht wirken sich raffinierte Produkte aus. Dazu zählen raffiniertes, jodiertes Salz, Weißmehl und die Produkte daraus wie Gebäck und Knabbereien und vor allem weißer Zucker, Süßigkeiten und Schokolade.
Die nachgeburtliche Essenz ist unser Joker im Spiel des Lebens. Wir können durch hochwertige Nahrung unsere Milzfunktion erhalten und somit mehr Qi gewinnen als für den täglichen Bedarf gebraucht wird. Der Überschuss stärkt unsere Nieren und verspricht ein längeres, gesünderes Leben.
Nicht nur durch bewusste Ernährung, sondern auch durch die Kontrolle von Emotionen und mit Hilfe von Bewegung, vor allem an der frischen Luft wird unsere Essenz gestärkt.

Ernährung nach den fünf Elementen

In der Ernährungslehre nach der chinesischen Medizin auch Ernährung nach den fünf Elementen oder fünf Wandlungsphasen genannt, werden Lebensmittel nicht hinsichtlich ihres Anteils an Kohlehydraten, Eiweißstoffen, Vitaminen oder Mineralstoffen beurteilt. Nein, sie werden vielmehr hinsichtlich ihres Energiegehalts und der Auswirkung auf das Yin und Yang bzw. das Qi betrachtet. Das Wesen, der Geschmack, die Wirkrichtung im Körper und die Meridianwege sind Informationen, die in jedem Lebensmittel gespeichert sind.

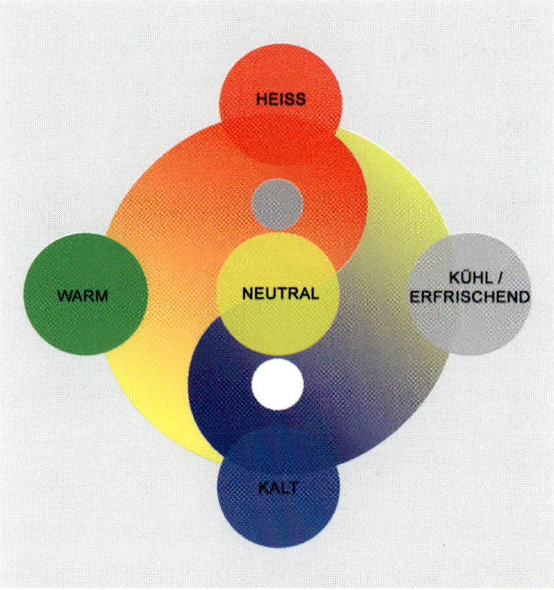

Thermik oder Wesen

geben an, wie das Lebensmittel auf den Körper wirkt. Man unterscheidet **heiße, warme, erfrischende, kalte** und **neutrale** Lebensmittel:
Heiße vertreiben Kälte, wie z.B. Lammfleisch, Zimt, Chilischoten oder Knoblauch. Zu große Mengen davon schädigen das Qi und die Körpersäfte.
Warme wie Huhn, Süßkartoffeln oder Marillen wärmen und tonisieren Qi.
Erfrischende nähren das Yin und bauen Säfte auf, dazu zählen z.B. Äpfel und Zucchini.
Kalte unter ihnen wie Bananen, Kiwi oder Tomaten, vertreiben Hitze, kühlen sehr stark, zu große Menge verletzen Magen und Milz und reduzieren dadurch die Fähigkeit zu verdauen und nachgeburtliche Energie zu gewinnen.
Neutrale harmonisieren und bauen Qi auf, zu ihnen gehören Reis, Karotten oder Kuhmilch.

Geschmack

kommt von Aromastoffen, die wir als Geruch über die Nase aufnehmen und den Geschmacksstoffen, die wir mit der Zunge schmecken. Man unterscheidet **sauer, bitter, süß, scharf** und **salzig:**

Sauer bewahrt Körpersäfte, zieht zusammen (denken sie an eine Zitrone oder an Essig).
Bitter leitet nach unten, bitter/warm/heiß trocknet aus (wie z.B. Kaffee, Kakao und Lammfleisch).
Süß baut Qi auf, harmonisiert, verteilt, entspannt, befeuchtet.
Scharf löst Stagnation, leitet nach oben und außen, zerstreut Energie (Zwiebeln, Rettich, Hafer, Senf . . .).
Salzig leitet nach unten, weicht auf, trocknet in großen Mengen aus (Schinken oder Salami).
Eine übermäßige Vorliebe für eine bestimmte Geschmacksrichtung deutet auf ein energetisches Ungleichgewicht im entsprechenden Funktionskreislauf hin.

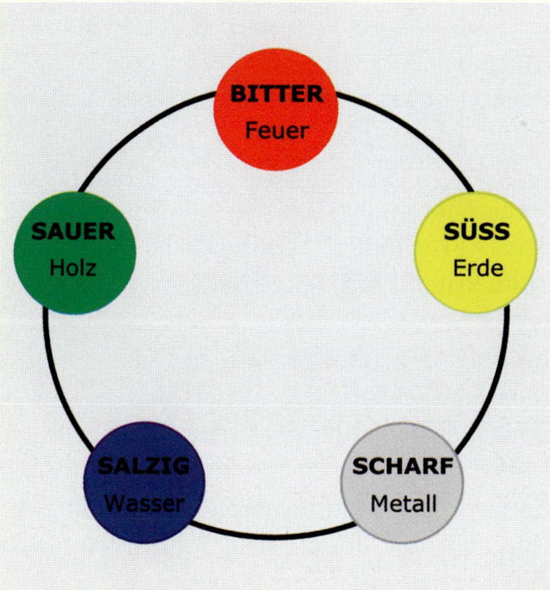

Jedem der fünf Geschmäcker bzw. Elemente wird ein Körperorgan, eine Gewebsart, ein Sinn, eine Ausscheidung und ein bestimmter geistig-seelischer Zustand zugeordnet.

Wege oder Reisen

Sauer reist zur Leber – zu den Sehnen,
bitter reist zum Herzen – zum Blut,
süß reist zur Milz – zum Fleisch,
scharf reist zur Lunge – zum Qi,
salzig reist zu den Nieren – zu den Knochen.

Demnach lassen sich alle Lebensmittel hinsichtlich ihrer Form, Farbe, ihres Geschmacks, ihres Temperaturverhaltens, ihrer Wirkrichtung usw. klassifizieren.
Eine Karotte zum Beispiel hat einen süßen Geschmack, sie ist von neutraler Thermik, die Wirkrichtung ist aufsteigend und sie wird dem Element Erde zugeordnet. Karotten tonisieren die Milz, helfen bei Verdauungsschwäche, Durchfall, Husten und Kinderkrankheiten wie Masern oder Windpocken.
In der TCM wurden in der Vergangenheit auf diese Weise alle Pflanzen, Tiere und Kräuter dokumentiert.
Die wahre Kunst der Ernährung nach den fünf Elementen besteht darin, die richtigen Lebensmittel für die entsprechenden Mangelzustände eines Organs zu finden.

Kinderernährung aus Sicht der Traditionellen Chinesischen Medizin

Kinder gelten in der TCM als unreif in körperlicher und funktioneller Hinsicht, da ihre inneren Organe vor allem die Verdauungsorgane und die Nieren noch zart und empfindlich sind.

Im Nei jing heißt es:
„Das Fleisch ist bei Kindern noch zerbrechlich, das Blut kärglich und das Qi schwach. Die inneren Organe und Därme sind noch nicht kräftig.“ Die äußeren Abwehrfunktionen sind bei Kindern noch nicht kräftig genug, äußeres Übel gelangt daher leicht in den Körper und befällt die Lungen.
Das Transportsystem und die Umwandlungsfunktion sind bei Kindern noch nicht vollständig ausgebildet und kräftig und nehmen daher leicht durch Nahrung Schaden.“
In der Kinderernährung ist darauf zu achten, den Mittleren Erwärmer zu stärken, da die Milz ihre volle Funktion erst um das 7. Lebensjahr herum aufnehmen kann. Bis dahin braucht sie bei der Verdauung Unterstützung durch die richtige Ernährung, sonst wird bereits in jungen Jahren zuviel wertvolle Lebensenergie vergeudet. ➤ *Lesen Sie mehr dazu im Kapitel Qi-Gewinnung.*
Spricht man in der TCM von der Mitte oder dem Mittlerem Erwärmer, so meint man die Funktionskreise von Magen und Milz.

Durch das schnelle Wachstum des Kindes sind Milz und Magen in ihrer Funktion immer an der Grenze, daher kann ein Ernährungsfehler schnell zu Problemen wie Nahrungsstagnation, Erbrechen, Durchfall, Appetitlosigkeit bis zur Abmagerung führen. Außerdem sind die kleinen Menschen aufgrund der schwachen Milz sehr anfällig für Infektionskrankheiten. ➤ *Siehe dazu auch Qi-Gewinnung, Seite 12, Abwehrenergie, Seite 122 und Erkältungskrankheiten, Seite 144.*
Es ist also wichtig die Verdauungsorgane des Babys durch wärmende Nahrung zu stärken.
Die Nahrung sollte immer Körpertemperatur haben und sehr saftig sein.
Dagegen wirken thermisch kühlende Lebensmittel, rohes Obst und Gemüse, raffinierte Kohlenhydrate wie weißer Zucker und Weißmehl, Mikrowellen- und Tiefkühlkost, Limonaden, Fruchtsäfte, synthetische Vitamine, Süßigkeiten und Speiseeis sehr energieraubend.
Kuhmilchprodukte führen zu Nässe in den Därmen (Feuchtigkeit in der Milz) und verschleimen den Funktionskreis der Lunge.
Nässe zeigt sich in Form von unverdauten Speiseresten im Stuhl, schleimigem Stuhl oder Durchfall. Die dramatische Folgen von zuviel Feuchtigkeit sind, dass Kinder träge werden,

spät zu sprechen beginnen, eine schlechte Aussprache haben, sich nicht richtig konzentrieren können, oft mit Übergewicht und der damit verbundenen Stigmatisierung kämpfen und in ihrer Entscheidungsfindung eingeschränkt sind. Zum Teil versagen auch ihre Muskeln, d.h. sie können oft nichts mehr festhalten.
Mögliche Symptome von Schleim im Funktionskreis der Lunge sind rinnende Nase, oft chronischer Schnupfen, Ohrenschmerzen, Husten, Bronchitis, Mandelentzündungen . . .

Ernährung im ersten halben Jahr – während der Stillzeit

In den ersten sechs Monaten ist es relativ einfach, ein Baby zu ernähren.
Muttermilch ist trotz vieler nachgewiesener Schadstoffe die beste Nahrung für Säuglinge.
Das Baby kann aus der Muttermilch, die immer die richtige Temperatur und Konsistenz hat, im Normalfall, die meiste Energie gewinnen, ohne seinen zarten Verdauungstrakt zu belasten. Ganz abgesehen davon, dass der Kontakt zur Mutter beim Stillen einer der innigsten und wertvollsten ist.

Das Stillen

In den ersten Tagen nach der Geburt legt die Mutter das Kind so oft an, wie es will. Dies ist wichtig um die Milchproduktion anzuregen.
Die sogenannte Vormilch wird schließlich zur Muttermilch und der Eiweißgehalt geht zugunsten des Milchzuckers und des Fettgehaltes zurück.
Das Einschießen der Muttermilch findet ungefähr zwischen dem dritten und fünften Tag nach der Geburt statt und kann oft sehr schmerzhaft sein.
Legen sie in diesem Fall das Kind nicht mehr an beiden Brüsten an und vermeiden sie jegliche Milchbildungsgetränke. Ein Gläschen Sekt aber auch zu viel Wasser können die Probleme ebenfalls verstärken.
Beim Säugling bildet sich in den ersten sechs Wochen ein bestimmter Rhythmus nach dem gestillt werden soll. Es trinkt ca. alle drei Stunden, in der Nacht oft etwas seltener.
Der Organismus braucht Zeit zum Arbeiten, damit die Nahrung optimal fermentiert werden kann. Trinkt das Kind in zu geringen Zeitabständen, dann reicht die Energie der Milz nicht aus um die Milch aus dem Magen weiter zu transportieren, es kommt zu Nahrungsstagnation, d.h. Bauchschmerzen – Koliken – Blähungen und die ersten Schlacken werden im Körper abgelagert.
Befindet sich das Baby jedoch gerade in einer Wachstumsphase so ist es wichtig die Milchproduktion durch häufigeres Anlegen anzukurbeln.
Da alles, was die Mutter zu sich nimmt durch die Muttermilch zum Baby gelangt, ist es besonders wichtig in der Stillzeit auf eine ausgewogene Ernährung zu achten.

Frauen leiden während der Stillzeit unter den Folgesymptomen des Blutverlustes bei der Geburt. Ihre Essenz ist erschöpft. Das regelmäßige Stillen und der Schlafmangel verstärken Probleme wie Haarausfall, Schwindel, Kopfschmerzen, Schreckhaftigkeit oder Depression noch zusätzlich.

Was sollte die stillende Mutter essen und trinken?

Vor allem viele blut- und säftebildende Nahrungsmittel: Wichtig ist ein warmes Getreidefrühstück aus Reis, Gerste oder Hirse. Kompott aus heimischen Früchten, Brennnesseltee, Gerstenwasser, gedünstetes grünes Blattgemüse wie Mangold oder Spinat, Rote Rüben, Hühner- oder Rindsuppe mit Yamswurzel gekocht . . .

Was soll frau nicht essen oder trinken?

Als Stillende ist es besonders wichtig seine Körpersäfte nicht durch scharf gewürzte Speisen zu schädigen. Besonders Speisen mit Chili, Knoblauch oder rohen Zwiebeln sind zu vermeiden.
Austrocknende Getränke wie Kaffee, auch Getreidekaffee und schwarzer oder grüner Tee schädigen ebenfalls die Säfte.
Saure Früchte wie Erdbeeren, Johannisbeeren, Himbeeren sollten niemals roh gegessen werden. Zitrusfrüchte, Kohlgemüse, Spargel, Topinambur und Schwarzwurzel sollten während der Stillzeit vom Speiseplan gestrichen werden. Diese Nahrungsmittel sind hauptsächlich für schmerzhafte Blähungen beim Baby verantwortlich.
Viel Milch und kühlende Milchprodukte sowie rohes Obst und Gemüse führen durch die Muttermilch auch beim Baby zu Verschleimung.
Achtung ist geboten bei großen Mengen Petersilie, Salbei und Pfefferminztee. Sie reduzieren die Milchproduktion.

Wann sollen Babys zu essen beginnen?

(Als Babys bezeichnet man Kinder bis zum 1. Lj., die genau Trennung zwischen Baby und Kleinkind stellt die Fähigkeit zu Laufen dar.)
Ab dem 6. Lebensmonat nimmt der Nährstoffbedarf eines Kindes zu, welcher durch Beikost gedeckt werden muss.
Alle Rezepte in diesem Buch sind, wenn nicht anders angegeben für Babys ab dem vollendeten 6. Lebensmonat ausgelegt.

Beikost

Zwischen dem 6. und 9. Lebensmonat können und wollen Kinder meist schon bei Tisch sitzen und verfolgen mit Interesse, was die Großen denn so essen.
Beobachten sie, ob ihr Kind für eine Beikost schon bereit ist. D.h. ob es von sich aus schon zum Essen greifen will.

Als Richtwerte kann das Gewicht des Babys genommen werden. So kann man die erste Beikost füttern, sobald das Kind sein Geburtsgewicht verdoppelt hat, spätestens jedoch, wenn es das dreifache Geburtsgewicht hat.
Beginnen sie spielerisch mit einigen Löffeln gekochter Karotte, die sie fein pürieren, oder mit Apfelmus. Ein geschabter roher Apfel darf erst ab dem 9. Monat gefüttert werden.
Gibt man einem Kind zu früh feste Nahrung, dann kann es diese noch nicht verdauen und das Essen bleibt im Magen liegen, beginnt zu gären und führt in weiterer Folge zu Feuchtigkeits- und Schleimbildung.
Das Füttern darf auf gar keinen Fall Stress bedeuten, weder für die Eltern noch fürs Baby!
Anfangs reichen dem Baby oft schon 2–3 Löffel. Ist ihr Kind nach einigen Tagen auf den Geschmack gekommen, so können sie beginnen ihm Getreidebrei zu füttern.

Der erste Brei

Kochen sie einen Teil Reis mit der 6–8-fachen Menge Wasser in einem zugedeckten Topf zu einer Suppe. Für die ganz Kleinen kann man die Suppe entweder durch ein Sieb passieren oder das Getreide pürieren.
Es sollte geschälter, weißer Langkornreis, der das Silberhäutchen noch enthält, verwendet werden. Vollkornreis ist zu schwer verdaulich und daher für Babys nicht geeignet.
Verwenden sie auf keinen Fall „Reis, der nicht klebt“. Diese Reissorten enthalten meist Paraffin, das zwar das Kleben im Topf und auf dem Teller verhindert, aber dafür klumpt er im Magen umso besser. In Folge produziert paraffinierter Reis Nässe.
Zurück zur Reissuppe:
Sie wird mit einem Apfel oder einer Karotte gekocht und püriert. Vor dem Servieren gibt man etwas Erdnussöl (1/2 TL auf 200 ml) oder ein Stück Butter dazu.
Wird dieser Brei vom Kind gut vertragen, so kann man nach frühestens einer Woche entweder den Reis durch Hirse oder Maisgrieß ersetzen oder statt des Apfels andere wärmende, süße Obst- oder Gemüsesorten z.B. Karotte, Süßkartoffeln, Fenchel oder Kürbis mitkochen.
Bis zum ersten Geburtstag kann nach und nach jede Hauptmahlzeit durch Breinahrung ersetzt werden. Das Ersetzen der Stillmahlzeiten sollte langsam erfolgen, sodass schrittweise pro Monat etwa eine Mahlzeit ausgetauscht wird.
Manche Kinder wollen oft nicht mit dem Löffel gefüttert werden, sondern das Essen mit den eigenen kleinen Händen nehmen.
Hier bieten sich gekochte Karotten- oder Kürbisstücke mit Polentaschnitten oder Kartoffeln an.
Aber auch in den Brei darf getapscht werden, denn nur so lernen die Kleinen die Bedeutung von Nahrung und Essen „begreifen“.
Mit ca. einem Jahr ist ein Kind auch schon in der Lage einen Löffel zu halten und zum Mund zu führen.

Mit eineinhalb Jahren sollte es fähig sein, alleine zu essen.
Machen sie sich keine Sorgen, wenn ihr Kind mit zwei oder drei Jahren wieder von ihnen gefüttert werden will. Dies ist eine natürliche Entwicklung. Oft ausgelöst durch ein Geschwisterchen oder den Besuch im Kindergarten. Die lieben Kleinen wollen auch als solche behandelt werden und nicht immer groß, stark und brav sein.

Das Austesten von Lebensmitteln

Für Babys sind alle Nahrungsmittel neu und interessant.
Sie haben noch kein Bestreben in möglichst kurzer Zeit alle Geschmäcker und Speisen kennenzulernen.
Viel lieber essen sie Tag ein Tag aus immer wieder das Gleiche. Hauptsache es ist von süßem Geschmack. Die natürliche Süße von Nahrungsmitteln wie Getreide und Obst wird von Kindern noch wahrgenommen. Zusätzliches Süßen mit Zucker oder Honig ist daher nicht erforderlich und würde beim Kind ein unnatürliches Verlangen nach Süße auslösen.
Wird also der Speiseplan nur Woche für Woche erweitert, kann sich der Verdauungsapparat langsam an verschiedene Nahrungsmittel gewöhnen und es können Abwehrreaktionen unmittelbar erkannt werden. In etwa 12 Stunden nach einer Mahlzeit kann man am Inhalt der Windel erkennen, wie die Speise vom Körper aufgenommen wurde. Man sieht sozusagen auf den ersten Blick, ob das Essen vom Vortag verwertet wurde oder ob unverdaute Reste anzeigen, dass der Körper nichts mit der Nahrung anfangen konnte.
Füttern sie immer mehrere Tage die gleichen aber frisch zubereiteten Lebensmittel, damit sie beobachten können, wie sie vertragen werden! D.h. wird ihr Kind quengelig nach dem Essen, muss es erbrechen, leidet es unter Blähungen, verändert sich die Konsistenz des Stuhles, wird dieser z.B. schleimig, oder bekommt das Kleine gar einen Hautausschlag . . .
Manche Kinder reagieren z.B. auf Karotten mit Verstopfung, dann kann man ihnen eine erfrischende Birne oder Zucchini füttern.
Wenn sie mehrere neue Lebensmittel zur selben Zeit einführen, dann wissen sie nicht auf welches Produkt die Körperreaktionen zurückzuführen sind.
Dieses Problem ergibt sich oft, wenn sie ihrem Kind handelsübliche Gläschen füttern.
Entdecken sie so jede Woche neue Vorlieben und Abneigungen ihres Kindes.
Kinder brauchen nicht so viel Abwechslung wie konsumgeschädigte Erwachsene glauben.
Denken sie nur daran, wie oft die Kleinen ein und das selbe Buch betrachten wollen oder daran, dass sie zum x-ten Mal das Lieblingslied singen dürfen/müssen.
Die Wiederholung macht Spaß, gibt Kraft und Selbstsicherheit.
Bei einer Allergiebelastung, d.h. wenn Eltern

oder Geschwister an Asthma, Heuschnupfen oder Neurodermitis leiden, ist es besonders wichtig einzelne Lebensmittel nach und nach auszutesten.

Was sollen Babys essen?

Unsere Kinder sollen nur das Beste bekommen: hochwertige Nährstoffe, viele Vitamine und Mineralstoffe.

Doch Zeitdruck, mangelnde Intuition und nicht zuletzt massive Werbung haben dazu geführt, dass das Stillen und die Zubereitung von Breimahlzeiten in den letzten Jahrzehnten aus der Mode gekommen sind. Viele Mütter greifen meist aus Unerfahrenheit und Unsicherheit zu Milchpulver, Instant-Breis und Gläschenkost, im guten Glauben, mit künstlich angereicherten Nahrungsmitteln ihrem Kind etwas Gutes zu tun.

Dies führt zum einen dazu, dass Kinder überfordert sind und mit Abwehrschwäche, Allergien oder Verhaltensstörungen reagieren, zum anderen sind diese teuren Fertigprodukte nur vermeintlich zeitsparender geschweige denn gesünder.

Die Kinderernährung nach den Fünf Elementen zeichnet sich durch ihre Einfachheit aus. Einige energetisch hochwertige, gekochte Getreide- und Gemüsesorten reichen aus, um dem Kleinkind alles zu geben was es braucht.

Wichtig ist, dass die Beikost wie auch das Essen für die ganze Familie frisch zubereitet wird.

Frieren sie Mahlzeiten niemals ein und wärmen sie sie auf gar keinen Fall in der Mikrowelle auf.

Getreide

Im ersten Lebensjahr sollte nur gekochtes Getreide ohne Klebereiweiß verwendet werden. Das sind Reis, Buchweizen, Hirse, Quinoa, Amaranth und Mais.

Rohes Getreide in Form von Frischkornbreis oder Müsliflocken sind, wenn überhaupt, erst für Kinder ab dem 2. Lebensjahr geeignet.

Zu den verschiedenen Getreidesorten und zum richtigen Kochen von Getreide ➤ *siehe die Kleine Getreidekunde, Seite 40.*

Frühestens ab dem 10. Monat kann man beginnen erst Hafer dann Dinkel, Kamut und Süßreis zu verwenden, jedoch nur, wenn das jeweilige Korn gut vertragen wird.

Später kann auch Weizen oder Gerste gegeben werden.

Diese Körner enthalten in ihren Hüllen das Klebereiweiß Gliadin oder Gluten, welches schwere Darmerkrankungen (Zöliakie) hervorrufen kann.

Schleimiger Stuhl ist ein sicheres Zeichen, dass das Kind für diese Getreidesorten noch zu jung ist. Zuviel von diesen Getreidesorten übersäuern den kleinen Organismus.

Getreide kann übrigens gut für einige Tage vorgekocht und kühl aufbewahrt werden. Man verwendet dann nach Bedarf die entsprechenden Mengen.

Man kocht dann abends einen riesigen Topf Reis und Hirse. Zum Frühstück wird ein Teil mit Obst oder Ei zubereitet, mittags zaubert man einen Auflauf oder ein Risotto und abends gibt's den Rest als Salat, Brei oder in der Suppe.

Obst und Gemüse

Obst und Gemüse geben Kraft und Energie. Sie stärken mit ihrem meist süßen Geschmack die Mitte und nähren das Blut.
Es ist wichtig zu jeder Mahlzeit Obst oder Gemüse zu essen.
Da Kinder bis zum 2. Lebensjahr noch zu wenig Zähne zum Zerkauen der Zellwände von Obst und Gemüse haben, muss dieses immer durch Kochen und Pürieren aufbereitet, sozusagen vorverdaut werden.
Der berühmte Apfel pro Tag oder etwas Salat zum Essen ist natürlich für ältere Kinder und gesunde Erwachsene erlaubt. Die meisten Erwachsenen leiden jedoch unter Mangelzuständen des Mittleren Erwärmers, welche nicht nur durch jahrelange falsche Ernährung, sondern auch durch Umweltgifte verursacht werden. Unter Umweltgiften versteht man Stress, Zeitdruck, Computerarbeit, Fernsehen, Ärger und Wut, aber auch künstliche Parfums u.v.m. Der Großteil der Bevölkerung müsste daher eigentlich das Apfelmus dem frischen knackigen Apfel vorziehen.
Welche Art von Gemüse oder Früchten man isst, sollte sich in erster Linie nach der Saison der Nahrungsmittel richten und zweitens nach der erwünschten Wirkung auf den Organismus. Zum Beispiel bietet uns die Natur im Herbst, der Jahreszeit des Metall-Elements viele scharfe Gemüsesorten wie Rettich, Zwiebeln und Kohlrabi. Der scharfe Geschmack steigert die Abwehr und reinigt die Nase und die Nebenhöhlen.
Im Sommer wachsen erfrischende säuerliche Früchte die uns vor Hitze und Säftemangel schützen.
Wenn wir also das essen, was die Natur in unseren Breiten zu bieten hat, können wir gleichzeitig unseren Organismus unterstützen.
Zerdrückte Banane eignet sich nicht für Kinder und auch für die wenigsten Erwachsenen, da sie zu kalt macht und infolge verschleimend wirkt.

Hinweis

Es ist hinlänglich bekannt, dass man das Grüne der Tomaten nicht essen soll, weil es giftig ist, der Strunk enthält nämlich das Nervengift Solsolinol. Dieses Gift ist auch in Bananen enthalten und führt zu rauschartigen Zuständen. D.h. Bananen machen Babys bereits süchtig!
Kartoffeln sollten dem Baby nicht täglich gefüttert werden. Dies gilt auch für andere nitratreiche Gemüsesorten wie Rote Rüben, Spinat, Kohlsorten, Fenchel aber auch Broccoli und Karfiol. Verwenden sie immer Freilandgemüse und wärmen sie diese Gemüse vor allem nicht auf. Nitrat könnte in Nitrit umgewandelt werden und daraus können wiederum krebserregende Nitrosamine entstehen. In Kombination

mit Getreide oder Vitamin-C-hältigem Obst und Gemüse gegessen reduziert sich die Aufnahme von Nitrat im Körper.

Fleisch und Fisch

Fleisch ist ein Nahrungsmittel mit besonderer Wirkung und wird in der TCM als kaiserliches Nahrungsmittel bezeichnet. Fleisch tonisiert das Qi und das Blut.
Die Zuordnung zu den Elementen kann folgendermaßen aussehen:
Federvieh wie Huhn, Ente, Gans, Truthahn, Wachtel, Taube dem ***Holz/Wind***
Hufvieh wie Rind und Kalb, der ***Erde***
Kiementiere wie Fische und Meeresfrüchte dem ***Wasser***
Wildtiere wie Reh, Hirsch, Hase, Wildschwein dem ***Metall***
Bergtiere, die Gräser fressen wie Ziege, Steinbock, Schaf dem ***Feuer****.*
Man unterscheidet das Fleisch auch nach dem Geschmack. So wird im Ling Shu, Kap. 56 Rindfleisch als süß betrachtet, Hundefleisch, welches in China gegessen wird, als sauer, Schweinefleisch als salzig, Schaffleisch als bitter und Hühnerfleisch als scharf.
Fleisch ist als Medizin zu betrachten und sollte nur in kleinen Mengen an Kaisertagen gegessen werden. Früher war es auch in unseren Breiten durchaus üblich Fleisch nur alle heiligen Zeiten zu essen, das heißt zu Weihnachten und Ostern und später an Sonn- oder Feiertagen.

Wir sollten Fleisch nur dann essen, wenn es zur Gesunderhaltung oder Heilung notwendig ist, denn ein Wesen musste getötet werden, damit wir davon profitieren.
In Zeiten von BSE, Massentierhaltung und -schlachtung ist es sehr wichtig nur Fleisch und Innereien aus artgerechter, kontrolliert biologischer Haltung zu essen.
Wild ist eine gute Alternative, wenn sie Vertrauen zum Jäger haben, denn das Fleisch enthält weniger Fett, dafür hochwertige ungesättigte Fettsäuren auch Omega-3-Fettsäuren, die Cholesterin senken und entzündungshemmend wirken.
Übermäßiger Fleischkonsum führt zu Feuchtigkeit und Schleim in der Milz; ein hoher Fettgehalt schädigt Leber und Gallenblase.
Besonders schwer verdaulich ist Gegrilltes und Gebackenes, Fleisch mit üppiger Soße, rohes Fleisch und Fleisch aus der Tiefkühltruhe.
Vor allem Kinder dürfen kein rohes oder schlecht durchgegartes Fleisch essen, es könnte eine Lebensmittelvergiftung hervorrufen.

Fische

Fische sind leichter verdaulich als Fleisch. Sie sind süß bis salzig und meist von neutraler Thermik.
Für Kinder sind vor allem heimische Fische z.B. Forelle, Saibling, Karpfen oder Wels auch Zander und Flussbarsch zu empfehlen, da sie Qi und Blut tonisieren.
Fische aus dem kalten Atlantik wie Lachs, He-

ring, Thunfisch oder Makrele enthalten viele Omega-3-Fettsäuren und wirken aus Sicht der TCM anregend auf des Yin der Nieren.
Warmwasserfische, das sind Fische aus dem Pazifik, tonisieren das Yang der Nieren.
Bei erhöhter Allergiebelastung sollte Meeresfisch erst ab dem 2. Lebensjahr gegessen werden.
Es wird öfter empfohlen, Kindern bis zum 3. Lebensjahr weder Fleisch noch Fisch zu geben. Dies bezieht sich auf die Art der Zubereitung. Kinder sollten nämlich kein Schnitzel kein Martinigansl und keinen Schweinebraten essen. Sehrwohl aber benötigen Kinder vor dem 3. Lebensjahr tierisches Eiweiß fürs Wachstum. Fleisch sollte am besten in Form von nährenden Kraftsuppen oder auch mal etwas Faschiertem, püriert in Soßen oder Breis gegessen werden.
Suppen können ins Fläschchen gefüllt werden und dem Baby so verabreicht werden. ➤ *Siehe Kraftsuppen, Seite 46.*
Kinder mit Blutgruppe 0 werden eher nach Fleisch verlangen als jene mit der Blutgruppe A. Es gibt nur wenige Kinder, die rein vegetarische Nahrung bevorzugen. Kinder brauchen tierisches Eiweiß!

Tipps für Vegetarier

Viele Vegetarier lassen in ihrer Ernährung einfach das Fleisch weg und ersetzen es durch eiweißreiche Nahrung, hauptsächlich Milchprodukte und Süßspeisen mit vielen Eiern.
Dies führt zu einem Mangel an Qi und Blut, zu Verschleimungen und in weiterer Folge zur Erschöpfung der Yang-Energie.
Will man sich vegetarisch ernähren, so sollte man dreimal täglich gekochte Speisen zu sich nehmen hauptsächlich Getreide mit vielen wärmenden Gewürzen.
Bei der Blutbildung helfen alle roten Lebensmittel, wie Tomaten als Suppe, Beeren der Saison als „Rote Grütze“, natürlich rote Rüben und spezielle chinesische Heilmittel:
Bocksdornfrüchte, Longan und rote Datteln als Tee, auch Lebensmittel mit viel Eisengehalt – d.h. Eidotter, frische Kräuter v.a. Petersilie, Marillen und Umeboschi.
Um den Eiweißbedarf zu decken, sollten Vegetarier viele Hülsenfrüchte essen.
Täglich 1/8 l Bohnensuppe mit grünem Gemüse, d.h. Spinat, Mangold, Broccoli . . .
In der TCM gilt Soja als besonderer Eiweißlieferant.
Auch Pilze, Tempeh = fermentiertes Soja, Tofu und hochwertige, kaltgepresste Öle z.B. Sesamöl, Olivenöl, Traubenkernöl und Leinöl sind sehr zu empfehlen, um das mangelnde Qi zu tonisieren.

Hülsenfrüchte

Hülsenfrüchte sollten als Qi-Lieferanten regelmäßig aber in kleinen Mengen gegessen werden. Sie sind süß, stärken die Milz und Nieren und

werden unter anderem deshalb dem Wasser-Element zugeordnet.
Erbsen, Linsen und Mungbohnen sind am leichtesten verdaulich und deshalb für Kinder am besten geeignet.
Adukibohnen, Nierenbohnen, Kichererbsen und Limabohnen hingegen sind schwer verdaulich und sollten nur gelegentlich gegessen werden.
Gelbe und schwarze Sojabohnen sind am schwersten verdaulich und sollten daher vermieden werden.
Die aus Sojabohnen hergestellten Produkte wie z.B. Tofu oder Tempeh sind für unsere Verdauungsorgane jedoch wieder leichter zu verarbeiten.
Tofu ist sehr eiweißreich, wirkt erfrischend und sollte, vor allem von Kleinkindern, nicht zu häufig und wenn dann immer mariniert gegessen werden.
Sojamilch ist weder für Kinder noch für die meisten Erwachsenen zu empfehlen. Ein Pudding aus Sojamilch mit wärmenden Gewürzen ist maximal im Sommer geeignet.

Eier

Eier sind für Kinder sehr gut, denn sie vereinen in Eiklar und Dotter, Yin und Yang. Es gibt Kinder, die haben eine ausgeprägte Vorliebe für das Eiweiß und wieder andere wollen immer nur das Gelbe vom Ei. Was bedeutet, dass die einen eher Yin wollen und die anderen die Yang-Wärme des Dotter bevorzugen.

1–2 Eier in der Woche sind für Kinder ausreichend.
Eier können für Babys einfach in den Brei oder die Suppe gerührt werden.
Für alle Eiweißlieferanten wie Fleisch, Fisch, Hülsenfrüchte oder Eier gilt, sie in Maßen zu konsumieren. Ein zu häufiger Verzehr führt beim Baby zu einem unnatürlich beschleunigten Wachstum und macht Kinder unruhig oder gar hyperaktiv. Beachten sie auch, dass in Aufläufen, Nudeln, Kuchen und anderen Speisen bereits Eier enthalten sind.
Ist ihr Kind sehr oft müde, ist es sehr schreckhaft, sind seine Lippen und Unterlider auffallend blass, klagt es über Schwindel oder Kribbeln in den Gliedmaßen usw., dann sollten sie das Blut des Kleinen nähren bevor letzlich auch der Kinderarzt mittels Laborwerten aus einer Blutuntersuchung einen akuten Eisenmangel (Anämie) feststellt.
Ein leichter Blutmangel kann ausgeglichen werden, indem man die Verdauungsorgane stärkt und vermehrt rote und grüne Lebensmittel isst.
Um das Eisen aus pflanzlicher Nahrung aufnehmen zu können ist Vitamin C vonnöten, d.h. immer einen Schuss Orangen- oder Zitronensaft zum Brei oder zum Gemüse geben.
Alle Kinder haben Blutmangel, da wie bereits erwähnt, durch das schnelle Wachstum die Verdauungsorgane in ihrer Funktion als Qi- und Blutlieferant immer an der Grenze sind.

Für alle Kinder gilt also, dass sie schreckhaft sind, die einen mehr, die anderen weniger. Deshalb dürfen Kinder nie, auch nicht zum „Spaß“ erschreckt werden!

Milch und Milchprodukte

Nach der TCM wird Milch dem Erdelement zugeordnet, sie ist süß und neutral, ist aufsteigend, reist zur Lunge, zum Magen und zum Herzen.
Milch tonisiert Qi und Blut, befeuchtet und verbessert die Gleitfähigkeit des Darms.
Schaf-, Ziegen und Stutenmilch befeuchtet etwas weniger.
Milch wird unter anderem bei Verdauungsstörungen, Verstopfung, bei Yin-Mangel (Abmagerung, trockener Haut, Haarausfall) und Diabetes als Heilmittel eingesetzt.
Milch und deren Produkte sollten nicht bei Milz-, Qi- oder Yang-Mangel, bei Feuchtigkeit oder Schleim genossen werden, denn die meisten Milchprodukte haben zu ihrer befeuchtenden Wirkung auch noch eine erfrischende Thermik, dies bewirkt, dass die Milz mit dem Abtransport von so viel Feuchtigkeit überlastet ist. Die Feuchtigkeit wird großteils in der Lunge als Schleim abgelagert und führt zu Trägheit und Infektanfälligkeit.
Milch sollte nur in kleinen Mengen zu sich genommen werden!
Für Kinder bis zum 6. Lebensjahr wird 1/4 Liter täglich empfohlen. Zusätzlich kann noch ein Stück Käse (ca. 20 g) gegessen werden.
Diese Empfehlung ist akzeptabel, solange das Kind keine Verschleimung z.B. in Form einer rinnenden Nase hat. Hat das Kind verklebte Augen deutet dies auf Schleim im Mittleren Erwärmer hin, der bereits die Leber beeinträchtigt.
Achten sie auch bei Käse auf gute Qualität. Es gibt nur wenige Sorten, die aus silofreier Rohmilch zubereitet werden. Dazu gehören einige Hart- bzw. Halbhartkäsesorten. Wie z.B. Bergkäse oder Emmentaler.
Die Menschen ernähren sich bzw. ihre Kinder seit Jahrtausenden von Milch und bis vor nicht allzu langer Zeit galt dies auch als gesund.

Warum ist das heute nicht mehr so?

- Weil nur frische Milch, am besten vom Bio-Bauern ein Energiespender für unseren Körper ist. Und welcher Stadtmensch holt sich die Milch schon frisch vom Bio-Bauernhof.
Besonders schleimbildend ist pasteurisierte und homogenisierte Milch.
Beim Homogenisieren werden die Fetttropfen in der Milch zerkleinert, die Eiweißhülle der Tropfen wird dabei zerstört, dies führt unweigerlich zur Verschleimung, da die Verdauungsorgane das Fett nicht mehr als solches erkennen.
- Milch galt und gilt immer noch als der Calziumlieferant, der gut für Knochen und Zähne ist. Durch überdüngtes Futter ist der Phosphat-

anteil in der Milch oft so hoch, dass die Calciumaufnahme dadurch verhindert wird.
Herkömmliche Milch und Milchprodukte sind keine besonderen Calciumlieferanten für den Körper.
Wertvolle Ca-Lieferanten sind Hirse und Sesamsamen. Letztere müssen aber gemahlen oder gekocht werden, damit die Schale aufgebrochen wird und der Körper die Mineralstoffe aufnehmen kann.
Auch Nüsse, Mandeln und Kohlgemüse sind reich an Calcium.
Aber ohne Vitamin D kann das Calcium nicht aufgenommen werden. Deshalb sollte man täglich an die frische Luft gehen. Das Vitamin D in Eidotter und Pilzen begünstigt die Aufnahme von Calcium.
Um einem Calcium- bzw. Vitamin-D-Mangel, der sich beim Baby durch schütteres Haar oder einen kahlen Ring am Hinterkopf zeigt vorzubeugen bzw. ihn zu beheben, sollten sie viel Sesam verwenden und Kalbsknochensuppe kochen. Und natürlich mit dem Baby täglich an die frische Luft gehen.
Wussten sie schon dass sie Spinat nicht zusammen mit Milchprodukten essen sollten, (z.B. Rahmspinat) denn die Oxalsäure im Spinat verbindet sich mit dem Ca der Milch zu Calciumoxalat und dieses kann nicht ins Blut aufgenommen werden. Somit dient keines der beiden Nahrungsmittel dem Körper mit seinen Vitalstoffen, obwohl jedes für sich alleine genommen sehr wertvoll wäre.
Dasselbe gilt für Frischkornmüsli mit Joghurt oder Milch, denn die Phytinsäure in rohem Getreide verhindert die Ca-Aufnahme. Kochen oder Keimen von Getreide eliminiert die Phytinsäure.

Zubereitung einer Milchflasche

Wollen sie ihrem Baby (zum Frühstück oder Abends statt der Brust) die Flasche geben, so testen sie bitte unbedingt aus, ob ihr Kind Kuhmilch verträgt.
Eine Milchallergie ist meist auf eine schlechte Qualität der Milch zurückzuführen.
Verwenden sie nur unpasteurisierte Rohmilch aus kontrollierter Landwirtschaft!
Noch besser sind Ziegen- oder Schafmilch, bzw. Stutenmilch.
Bei Allergiebelastung ist es wichtig im 1. Lj. jegliche Art von Kuhmilch-Eiweiß zu vermeiden.
Die Rohmilch muss immer abgekocht werden und fürs Baby mit Wasser oder Reisschleim verdünnt werden.
Herstellung von Reisschleim:
1 Teil Reis mit 8 Teilen Wasser mehrere Stunden köcheln lassen und durch ein feines Sieb passieren. Hält sich im Kühlschrank 2–3 Tage lang.
Bei Hautproblemen helfen Ziegenmilch und Hirseschleim.
Ab dem 1. Geburtstag kann der Milchanteil im Fläschchen die Hälfte und mehr betragen.

Für ein Fläschchen (250 ml) kochen sie 1–2 EL feingemahlenes Getreide mit 150–170 ml Milch auf und lassen es zugedeckt einige Minuten quellen. Geben sie 1/2 TL Melasse oder Gerstenmalz in ein Fläschchen, füllen sie die Getreidemilch und einige Tropfen (bis zu 1/2 TL) Öl darauf, geben sie etwas Kardamompulver und – v.a. bei Eisenmangel – 1 Msp geschabte Umeboshi-Pflaume oder Paste dazu – gut verschließen und schütteln, bis sich die Melasse aufgelöst hat. Gießen sie das Fläschchen mit 80–100 ml kaltem aber abgekochtem Wasser auf. So hat die Flasche rasch die richtige Trinktemperatur!

Wollen sie keine Milch verwenden oder verträgt ihr Kind keine Milch, so können sie das Getreidemehl auch nur mit Wasser kochen und ab dem 10. Lm. ev. 1–2 EL Schlagobers dazugeben. Größere Kinder mögen es, wenn man etwas Kakao- oder Carobpulver ins Fläschchen gibt.

Das Abstillen

Je länger ein Kind gestillt wird, desto besser ist es. Empfohlen werden zumindest sechs Monate volle Stillzeit. Danach beginnt man mit der ersten Beikost.

Nach den Mahlzeiten oder zwischendurch kann das Baby nach wie vor gestillt werden, das deckt den Flüssigkeitsbedarf völlig.

Bei Fieber oder sehr heißem Wetter, kann auch das Baby zusätzlich abgekochtes, gefiltertes Wasser trinken.

Mutter und Kind entscheiden, wann mit dem Stillen aufgehört werden soll.

Es gibt keine genaue Regel für das Abstillen.

Es ist jedoch oft so, dass sich das Kind zwischen dem 7. und 12. Monat selbst abstillt. Es beginnt sich durch Krabbeln oder die ersten Schritte von der Mutter zu entfernen und braucht vor oder nach den Mahlzeiten keine Milch mehr.

Manchmal wird empfohlen abzustillen, wenn die Backenzähne kommen. (Das ist im Normalfall um den ersten Geburtstag)

Besonders das Zahnen kann das Bedürfnis nach mehr Zuwendung aber wieder steigern.

Auch kleine, zarte Kinder brauchen oft mehr innige Verbindung mit der Mutter und wollen länger gestillt werden oder brauchen zumindest den Schnuller als Ersatz.

Babys mit Allergiebelastung sollten so lange als möglich gestillt werden.

Auf alle Fälle sollten sie beim Abstillen auf die richtige Mondphase achten.

Bei abnehmendem Mond lassen sich auch ältere, fordernde Kinder leichter abstillen.

Essen und trinken sie viel Petersilie und Salbei, dann nimmt die Milchproduktion rasch ab.

Getränke

Wir sollten den täglichen Flüssigkeitsbedarf durch saftige Nahrung decken und nicht durch das Trinken von großen Mengen Wasser oder anderen Getränken. Vor allem Kinder sollten nicht dauernd an der Flasche nuckeln. Zuviel

trinken führt zu Schleimbildung und überlastet die Nieren.
Vor allem sollte nicht zum Essen getrunken werden. Lassen sie ihr Kind auch nicht zuviel vor dem Essen trinken, denn das mindert den Appetit. Am besten trinkt man mindestens 10 Minuten nach der Mahlzeit.
Bis zum Schuleintritt braucht ein Kleinkind ca. 1/2 Liter pro Tag zum trinken.
Als Getränke eignen sich:
vor allem abgekochtes, lauwarmes Wasser, dem man von Zeit zu Zeit einen Löffel Zuckerrohrmellasse hinzufügen kann – eine äußerst gesunde Variante von „Kindercola“, dünne Früchtetees oder zuckerfreier Apfel- oder Traubensaft mit Wasser.
Abgekochtes Wasser sollte mindestens 10 Minuten gekocht haben, es schmeckt dann leicht süßlich und ist frei von Keimen. Sollten sie nicht in der glücklichen Lage sein, ihr Leitungswasser benutzen zu können, sei es nun aufgrund von alten Blei- oder Kupferrohren oder weil die Nitratbelastung des Wassers über 30 mg/Liter liegt, so achten sie beim Kauf von Mineralwässern auf die Kennzeichnung als „Säuglingsnahrung“.
Auch Mineralwässer müssen immer abgekocht werden, um die Kohlensäure zu eliminieren, denn diese zerstört das Magen-Qi. Kohlensäurehältige Getränke sollten generell vermieden werden.
Die Kleinen können auch ***Hafermilch (1 Teil Hafer mit 7 Teilen Wasser einweichen und anschließend kochen, die Flüssigkeit abseihen und ev. etwas süßen.)*** oder ***Mandelmilch (1 EL Mandelmus mit 1/4 Liter warmem Wasser aufgießen und gut vermischen.)*** trinken.
Geben sie Hafermilch jedoch nur, wenn das Kind nicht zu hitzig oder aktiv ist.
Ist das Kind recht hitzig (hyperaktiv) und will nicht schlafen, dann eignet sich ***Weizenmilch (1 Teil Weizenschrot mit 10 Teilen Wasser kochen, Flüssigkeit abseihen und trinken)***
Kombucha wirkt stark abkühlend, noch dazu, wenn er mit grünem Tee angesetzt wird und ist nur bei Fieber zu empfehlen.
Achten sie darauf, dass ältere Schulkinder zur gesunden Jause auch genügend zu Trinken mitnehmen. Ab dem 7. Lebensjahr st die Yang-Phase des schnellen Körperwachstums beendet und es beginnt die Yin-Phase mit der Entwicklung von Nieren, Mark und Gehirn. In dieser Zeit müssen Kinder täglich zwischen 1 und 2 Litern trinken.

Fette

Kinder brauchen zum (Zell)Wachstum hauptsächlich ungesättigte Fettsäuren. Verwenden sie nur naturbelassene, hochwertige, Pflanzenöle wie Rapsöl oder Erdnussöl.
Kaltgepresste Öle wie z.B. Olivenöl haben meist einen starken Eigengeschmack und sind allgemein erst ab dem 10. Monat zu empfehlen.
Zum Braten und Backen eignen sich kaltgepresste Öle nicht, denn sie dürfen nicht stark erhitzt

werden. Nehmen sie lieber Butterschmalz oder Raps- bzw. geröstetes Sesamöl zum Anbraten.

Auch Nüsse liefern wichtige Fette. Sie müssen jedoch erstens immer ausgetestet werden, denn das Allergierisiko ist relativ hoch und zweitens dürfen sie für Kinder unter zwei Jahren nur gemahlen verwendet werden, damit sich die Kleinen daran nicht verschlucken.

Verwenden sie kein raffiniertes Rohöl oder Sojaöl auch als Margarine bekannt.

Butter ist ein naturbelassenes Fett und ihr Genuss kann nicht krank machen!

Fettkonsum wird erst dann zum Problem, wenn man ausschließlich tierische und gesättigte Fettsäuren aufnimmt, bzw. sogenannte Trans-Fette aus Margarine und Frittierölen.

Probieren sie statt des Besuchs bei MC Burger oder beim Pommes-King doch mal die ➤ *Ofenkartoffeln von Seite 133.*

Was sollten Babys und Kinder nicht essen?

Zuviel Süßes

Kinder lieben den süßen Geschmack. Das Süße stärkt ihre Mitte, verwurzelt das Ich und gibt somit Kraft fürs Wachstum. Ein Zuviel davon ist jedoch wie bei jedem anderen Geschmack auch schädlich für das zugehörige Organ. Die extreme Süße von raffiniertem Zucker schwächt sogar die Verdauungsorgane anstatt sie zu stärken. Babys unter einem Jahr brauchen weder Zucker noch Honig.

Honig ist schlecht für die Zähne und kann Allergien und ungekocht vereinzelt auch Botulismus hervorrufen. Botulismus wird durch ein Nervengift produzierendes Bakterium hervorgerufen und äußert sich oft in einer Lähmung der Lid-, Lippen-, Zungen- und anderer Muskulaturen.

Kinder die ohne Gläschenkost oder andere gesüßte Fertigprodukte aufgewachsen sind oder aufwachsen dürfen, brauchen keinen Zucker, auch keinen Dicksaft oder Honig zum Süßen, denn ihre Geschmacksnerven können den natürlich süßen Eigengeschmack von Lebensmittel aus dem Erdelement, das sind Obst, Gemüse, Getreide und vielen mehr noch unverfälscht wahrnehmen.

Mit ausgewählten Lebensmitteln aus dem Erdelement kann man also den Zuckerkonsum in Grenzen halten.

Spätestens wenn die Kleinen in den Kindergarten kommen, werden sie auch mit Konsumgütern wie Gummibärchen, Lutschern oder Schokolade konfrontiert.

Feste Regeln, was den Genuss von Süßigkeiten angeht, erleichtern den Kleinen den Umgang damit. ➤ *Siehe Frühling/Fastenzeit, Seite 52.*

In etwa 30 g zuckerreiche Nahrungsmittel gelten in der westlichen Kinderernährung als geduldete Menge. Diese Mengenangabe entspricht täglich 10 Gummibärchen oder 1 Reihe Vollmilchschokolade und gilt natürlich nur,

wenn ihr Kind ansonsten keinen Zucker oder zuckerhältige Nahrungsmittel isst.
Ist der Mensch einmal süchtig nach Zucker, so fällt es ihm meist sehr schwer, wieder auf seine Intuition zu hören und auf die krankmachenden Mittel zu verzichten.
Wenn sie ihre zuckersüchtigen Kinder entwöhnen wollen, gelingt dies in erster Linie mit süß schmeckenden Lebensmitteln wie z.B. Grießbrei mit Apfelmus. Statt des Zuckers über den Brei oder in den Tee gibt es 1 TL Agavendicksaft.
Achten sie auf qualitativ hochwertigen braunen Zucker, der wirklich unraffiniert ist. Oft kommt raffinierter, weißer Zucker auf den Markt, der mit Melasse braun gefärbt wurde.
Weißer, raffinierter Zucker ist thermisch kalt und dient obwohl er auch süß schmeckt ganz und gar nicht der Qi-Gewinnung.
Wer keinen Zucker verwenden will, kann stattdessen Stevia nehmen. Eine Pflanze, die von der Zuckerindustrie sehr ungerne gesehen wird.

■ Zuviel Rohkost

In den ersten drei Lebensjahren reagiert der Körper besonders empfindlich auf Kälte von außen und von innen. Mit Kälte von innen sind thermisch erfrischende und kalte Nahrungsmittel wie z.B. Tomaten, Bananen, Melonen, Joghurt, Topfen usw. gemeint. Aber auch rohes Obst und Gemüse brauchen viel wertvolles Verdauungsfeuer und kühlen den mittleren Erwärmer ab. Viele fragen sich wahrscheinlich nun, wie sie denn ohne rohes Obst oder Gemüse ihren Vitaminbedarf decken können.
Zum Thema isolierte Vitamine und Mineralstoffe in Babynahrung und Nahrungsergänzungsmitteln gibt es folgendes zu sagen: Es heißt nicht:
„Iss täglich A-Vitamine, Vitamin C, Fructose, Pektin und Amygdalin; dann bleibst du gesund“, sondern: „Iss täglich einen Apfel.“ Denn nur die Natur ist in der Lage ein ausgewogenes Verhältnis der einzelnen Komponenten in einem Nahrungsmittel zu schaffen.
Die westliche Wissenschaft versucht jede Komponente unserer Nahrungsmittel zu analysieren. Immer wieder werden neue Bestandteile entdeckt und mit klingenden Namen bezeichnet.
Bei einer isolierten Betrachtung wird die thermische Wirkung zum einen und die Resorptionsfähigkeit des Körpers zum anderen außer Acht gelassen.
So wirken Zitrusfrüchte abkühlend und schwächen damit unsere Abwehrkräfte, daran kann auch ein hoher Vitamin-C-Anteil nichts ändern.
Ähnlich verhält es sich mit einem Apfel oder einer Karotte roh verzehrt:
Schwache noch nicht ausgereifte Verdauungsorgane, wie die unserer Kinder können die Nährstoffe aus den Lebensmitteln nicht aufnehmen, sind sie jedoch durch Kochen vorverdaut, resorbiert man zumindest einen großen Teil.
Es ist allemal besser die Stoffe, die nach dem Kochen noch im Essen sind, gut verwerten zu kön-

nen, als sie unverdaut wieder von sich zu geben. Rohkost soll im ersten Lebensjahr nur in Form von geschabtem, geriebenem Apfel verabreicht werden.

Süd- und Zitrusfrüchte

Süd- und Zitrusfrüchte gehören zur Gruppe der thermisch kühlen und kalten Nahrungsmittel und sind daher für Kinder und Milz-Qi-schwache Erwachsene nicht geeignet. In unseren Breiten ist es nicht notwendig den Körper so stark zu kühlen, es ist im Gegenteil völlig ungeeignet.
Auch Orangensaft oder die als Snack so begehrte Kiwi zählen zu dieser Gruppe. Die seit einigen Jahrzehnten so geschätzte Banane wirkt ebenfalls kühlend auf die Verdauungsorgane und darf maximal im Sommer und zwar in gekochter Form z.B. als Püree oder als köstliches Dessert in Kokosmilch gekocht genossen werden. Sie fördert die Verdauung und hebt die Stimmung.
Manche Säuglinge reagieren mit rotem Po, wenn die Mutter zuviele Mandarinen oder Ananas isst. Auch ältere Kinder können diese Körperreaktion zeigen, wenn man zuviel sauren Obstsaft zum Essen gibt.

Kräuter und Gewürze

Kindern bis zum zweiten Lebensjahr sollte man keine scharfen Kräuter und Gewürze geben. Die Speisen sollten prinzipiell mild sein und süßlich schmecken.
In den nachfolgenden Rezepten werden Gewürze oft aus thermischen Gründen oder aus Gründen der Philosophie verwendet. ➤ *Siehe dazu Kochen im Zyklus, Seite 37.*
Rohe Kräuter zum Bestreuen von Speisen sollten erst ab dem 10. Monat verwendet werden. Viele Kinder mögen überhaupt kein „Grünzeug“ in ihrem Essen.
Geben sie in dem Fall mehr Kräuter in die Kraftsuppen.
Wenn sie für sich scharfe Gewürze oder Kräuter verwendet wollen, dann würzen sie erst bei Tisch nach, oder nachdem sie einen Teil für ihr Kind beiseite gestellt haben. So können auch die Kleinsten immer mitessen.
Scharf gewürzte Speisen würden den sensiblen Geschmackssinn beeinträchtigen und machen Kinder aufgrund der warmen Thermik unruhig.
Der Salzbedarf eines Kindes ist sehr gering und kann mit etwas Sesamsalz = Gomasio ➤ *(Herstellung siehe Sommer/Frühstück, Seite 81),* Sojasoße oder einem Löffel Miso in Suppen gedeckt werden.
Salz sollte erst verwendet werden, wenn die Kraft der Nieren und der Knochen ausreicht, das Kind aus eigener Kraft stehen bzw. gehen zu lassen.
Verwenden sie jedoch hochwertiges unraffiniertes Kristallsalz oder Meersalz. Leider werden die meisten Meersalze bereits künstlich jodiert. Decken sie ihren Jodbedarf und den ihres Kindes lieber mit gutem Fisch als mit schlechtem Salz.

■ Brot

Brot ist als Nahrungsmittel für Kinder unter einem Jahr nicht geeignet.
Es sollte auch nicht dauernd zum Nagen beim Zahnen gegeben werden. Von Zeit zu Zeit ein altes, trockenes Randstück zum Nagen ist akzeptabel, wenn das zahnende Kind ansonsten gut gekochtes Getreide isst. Ein gekühlter Beißring oder eine Karotte aus dem Kühlschrank sind geeignete Alternativen.
Für Kinder, ab dem 1. Lebensjahr sollte das Brot nur aus einer fein vermahlenen (Vollkorn)Mehlsorte bestehen und keine Zusätze wie Soja, Milch oder Gewürze enthalten. Vor allem Kinder sollten kein schwer verdauliches und feuchtes Vollkornbrot essen. Das würde den Verdauungstrakt überfordern und zu Übersäuerung führen.
Wenn zur Abwechslung mal Brot angesagt ist, dann sollte es immer getoastet sein, ja auch Schwarzbrot – von handelsüblichem Toastbrot ist jedoch abzuraten! Als Brotbelag können Butter, Frischkäse (aus Schafmilch) und Obstpürees empfohlen werden. Eventuell auch Mandelmus, jedoch nicht, wenn ihr Kind an Würmern oder anderen Parasiten leidet.

■ Nudeln

Herkömmliche Nudeln, bestehen meist aus Hartweizen, und werden zum Großteil mit Eipulver hergestellt. Nudeln sind daher schwer verdaulich und frühestens ab dem vollendeten 1. Lebensjahr zu empfehlen.

■ Kohlensäurehältige Süßgetränke

Kinder sollten keine kohlensäurehältigen Getränke zu sich nehmen, dies gilt für stark gesüßte Drinks wie auch für Mineralwasser. Die Kohlensäure zerstört das Magen-Qi und der hohe Zuckergehalt wirkt abkühlend auf die Verdauungsorgane und schädigt das Kind nachhaltig (Karies, Verschleimung . . .).

■ Milchprodukte

Milchprodukte wie Joghurt, Sauerrahm oder -milch, Topfen und Produkte daraus, sind thermisch kalt bis kühlend. D.h. sie schwächen die Milz und überlasten sie mit dem Abtransport der Feuchtigkeit. Eine schwache Milz ist dann nur mehr in der Lage die Feuchtigkeit an die Lunge weiter zu schicken oder im Gewebe abzulagern.
Mit dem vermeintlich gesunden „Topfenzwerg" jeden Tag wird oft der Grundstein für Übergewicht oder Abwehrschwäche gelegt.

■ Wurst

Wurstwaren haben meist einen sehr hohen Salz- und Fettgehalt. Vielen Produkten werden Nitrat-Pökelsalz und scharfe Gewürze zugesetzt.
Magerer, milder Schinken kann dem Kind

frühestens ab dem 1. Geburtstag angeboten werden, z.B. in Form von Wurstfleckerln.

Die Mahlzeiten

Für Kinder ist ein regelmäßiger Tagesablauf mit einem gemeinsamen Essen besonders wichtig. Bereiten sie die Essumgebung, zumeist wird dies der Tisch sein, schön vor. Kinder helfen gerne beim Tischdecken, denn sie wollen nützlich sein. Sie lieben es, das Besteck zu zählen, auch wenn sie dann statt für 4 Personen für „zwölfunddreißig" nur zwei Löffel liegen haben, oder sie lassen die Kleinen die Servietten falten. Mit ca. vier Jahren können Kinder auch schon mal eine Tischkerze anzünden.

Die Speisen sollten schön aussehen, die Sinne anregen und eventuell bunt garniert sein. Es macht Spaß mit buntem Besteck auf kulinarische Entdeckungsreise zu gehen.

Eltern prägen mit ihrem Essverhalten und ihrem Speiseplan ihre Kinder mehr als ihnen lieb ist. Besonders wichtig ist, was Papa auf dem Teller hat und dass es das gleiche ist, was die Kinder essen sollen.

Nützen sie die Chance, steuern zu können, was ihre Kinder essen sollen.

Wenn schon die Kleinen wieder unsere althergebrachten Getreidegerichte wie Haferpalatschinken, Hirseauflauf oder Grünkernspätzle kennenlernen, werden sie sich später, in der Pubertät nicht dauernd von Tiefkühlpizza, Kebab und Pommes ernähren wollen.

Überblick

0–6 MONATE
Die Kinder werden gestillt und trinken ca. siebenmal in 24 Stunden.
6–7 MONATE
Kinder essen bereits morgens und abends Getreidebrei mit Obstmus oder Gemüse.
7–8 MONATE
Morgens, mittags und abends essen die Kleinen eine Breimahlzeit. Nachmittags etwas Obstmus.
9–12 MONATE
Jetzt beginnt die Zeit des Austestens von neuen Lebensmitteln. Jede neu eingeführten Zutat sollte mindestens 3–5 Tage gegessen werden.
12–24 MONATE

Jetzt ist fast alles erlaubt, was die Erwachsenen essen. Die Kinder beginnen sich für saure, pikante Speisen zu interessieren. Vorsicht mit fettreichen Nahrungsmitteln und Zubereitungsarten. Schnitzel und Pommes oder andere frittierte und in Fett gebackene Speisen sollten maximal einmal im Monat gegessen werden. Denn gerade und bereits in diesem Alter wird der Grundstein für späteres Übergewicht gelegt. Sobald die Kinder alle Zähne haben, muss das Essen nicht mehr fein püriert werden, jedoch müssen die Speisen immer saftig sein, das erleichtert das Essen.

Kleinkinder trinken abends auch noch gerne eine Milchflasche. Kinder brauchen vier bis fünf Mahlzeiten am Tag.

D.h. drei Hauptmahlzeiten und eine kleine Vormittags- bzw. Nachmittagsjause.
Auch für Erwachsene ist es oft angezeigt, 4–5 kleinere Mahlzeiten über den Tag verteilt zu essen.
In der Nacht trinken die Kleinen oft noch an der Brust.
Gewöhnen sie dem Abstillkind in der Nacht das Fläschchen nicht als Ersatz für die Brust an.
Bis zum Alter von 1 1/2 Jahren kommen die Kinder meist ohne Vormittagsjause aus, natürlich nur, wenn sie ein vollwertiges Frühstück bekommen haben, denn sie verschlafen die Zeit bis zum Mittagessen zumeist. Ab diesem Alter stellt sich der Organismus meist auf ein Schläfchen nach dem Mittagessen um und die Kleinen lieben es, wenn sie vormittags eine Kleinigkeit zum Knabbern bekommen. Z.B. Biskotten oder Zwieback mit Apfel-Kürbismus. ➤ *(Rezept siehe Seite 99)* oder ein Butterbrot mit einem Stück Käse.

Das Frühstück

Vor etwa 30 Jahren hielten Vollkornbrot, Frischkornaufstriche und Flockenmüsli Einzug auf unseren Tischen und gelten seither als gesundes Frühstück.
Leider haben sie alle traditionellen, wirklich guten und gesunden Frühstücksvarianten wie Habermus, Sterz, Eierspeise oder Suppen verdrängt.
Aus Sicht der TCM sollten aber nicht nur Kinder morgens ein warmes, gekochtes Frühstück essen.
Für Frühaufsteher-Babys wird das erste Frühstück natürlich noch Muttermilch im warmen, gemütlichen Bett sein. Den Kleinen reicht dieser Guten-Morgen-Trunk aber nicht und sie brauchen wie die Großen zwischen sieben und neun Uhr (der Hochleistungszeit des Magens) einen warmen Getreidebrei mit süßem Obst.
Gepopptes Getreide und süße Frühstücks-Cerealien sind nicht als Getreide zu bezeichnen, mit einem Zucker- oder Honiggehalt von 15–50% sind sie eher zu den Süßigkeiten zu zählen.
Vermeiden sie die Kombination von Süßem und Saurem, denn das führt zu Schlackenbildung. D.h. kein Früchtetee zum Frühstück, keine sauren Früchte . . .
Viele Kinder gehen ohne Frühstück aus dem Haus. Vor allem Schulkinder sollten zumindest eine Tasse warme Milch trinken oder eine Schüssel Suppe oder Kompott essen.
Die Frühstücksrezepte sind als Ersatz für eine Brustmahlzeit oder ein Fläschchen bestens geeignet und schmecken der ganzen Familie. Auch viele Suppen kommen als pikantes Frühstück gut an.

Das Mittagessen

kann aus Variationen von gekochtem Getreide, gedünstetem Gemüse, Hülsenfrüchten, Fleisch, Fisch oder Ei, gemischt mit etwas Butter oder

hochwertigem Pflanzenöl sowie etwas Sesamsalz bestehen.
Zum Kochen und Binden von Soßen eignet sich Kuzu oder Tapioca-Mehl hervorragend. Es dient als Ersatz für Schlagobers oder Sauerrahm.
Kuzu trägt bei Problemen mit dem Darm, bei Blähungen und Infektionen, zur natürlichen Wiederherstellung der Darmflora bei.

Das Abendessen

kann ein Grießbrei sein, gesüßt mit Obstmus, Gerstenmalz oder Dicksaft, es passen auch selbst gemachte Marmeladen dazu. Dicke Kinder sollten abends kein Getreide essen.
Manche Kinder lieben es eine Kürbissuppe oder Minestrone zu schlürfen,
oder Ofenkartoffel in eine erfrischende Soße zu tauchen.
Eine kalte Brotjause mit Wurst und Käse ist für Kleinkinder nicht geeignet.
Wurst und Käse sind meist zu stark gesalzen und der hohe Phosphatgehalt macht die Kinder mitunter hyperaktiv.

Zwischendurch

Als Jause oder zum Naschen, können nicht nur Kinder Fruchtpürees, Kompotte und selbstgemachte Puddings essen oder eingeweichte Trockenfrüchte knabbern. Nüsse müssen nicht eingeweicht werden, jedoch sorgfältig ausgetestet werden, da bis zum Schuleintritt die Möglichkeit einer allergischen Reaktion besteht.
Ein morgens frisch zubereiteter Getreidebrei oder Fruchtmuse können hervorragend in kleine Gläser gefüllt werden und im Bedarfsfall, unterwegs und auf dem Spielplatz gegessen werden.
Wärmen sie das Essen niemals in der Mikrowelle auf, sondern immer im Wasserbad oder geben sie es ihrem Kind schlimmstenfalls kalt.
Eine beliebte Zwischenmahlzeit ist im Winter auch eine Tasse heiße Schokolade mit etwas Honig, Zimt und Ingwer oder im Sommer frische Beeren mit etwas Sahnejoghurt.

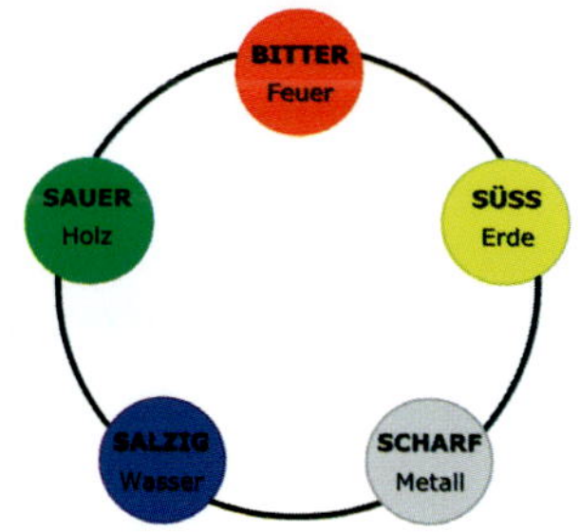

Kochen nach den fünf Elementen

Kochen im Zyklus der fünf Elemente

Das Kochen im Zyklus leitet sich vom Sheng-Zyklus, dem Hervorbringungs- oder Fütterungszyklus oder anders ausgedrückt dem Mutter-Sohn-Gesetz ab:
Das Holz nährt das Feuer, aus der Asche des Feuers geht die Erde hervor, in der Erde entstehen Mineralien. Die Mineralien reichern das Wasser an, welches wieder das Holz wachsen lässt.
Auf diese Weise gekochte Speisen spiegeln die feinstofflichen kosmischen Gesetze wieder. Denn nicht nur, dass auf den Frühling der Sommer, auf die Kindheit die Pubertät folgt, auch unsere Organe werden nach diesen Gesetzmäßigkeiten versorgt. Die Milz versorgt die Lunge, diese gibt die Energie an die Nieren weiter …
Böse Zungen behaupten, dass das Kochen im Zyklus extra für zwanghafte Menschen der westlichen Welt erfunden wurde. In manchen Hexengeschichten und auch in Urgroßmutters Rezeptbüchern aus unseren Breiten kann man jedoch die gleichen Ansätze finden.
Sicher ist jedoch, dass Speisen, in denen jede Geschmacksrichtung, sprich jedes Element enthalten ist viel besser, runder schmecken und natürlich energetisch wertvoller sind.
Speziell für die Kinder-Küche gilt:
das Erdelement mit dem süßen Geschmack muss vorherrschen und die anderen Elemente sollten zumindest eine Prise ausmachen.
Wenn sie noch nicht so geübt sind im Zyklus-Kochen, versteifen sie sich nicht zu sehr auf die Reihenfolge. Das Gefühl und das Wissen dafür kommt mit der Zeit von selbst. Wichtig ist, dass das Kochen Spaß macht, denn ihre Gedanken und Gefühle beim Kochen kommen auch mit in den Topf.
Die meisten nachfolgenden Rezepte sind in der richtigen Reihenfolge der Elemente geschrieben. Die Elemente wurden zum Teil mit ihrem Anfangsbuchstaben abgekürzt.
So beginnt ein Rezept für eine Speise in der etwas angebraten wird mit
F – dem Feuer, indem man einen Topf oder eine Pfanne erhitzt, danach folgt
E – Erde, man gibt etwas Öl in die Pfanne und brät das Gemüse oder Fleisch an.
M – Metall verlangt nach bewegenden Gewürzen,
W – Wasser kann das Aufgießen mit Wasser oder auch das Würzen mit Salz sein, um den Zyklus in
H – Holz mit einem Schuss Zitronensaft oder frischen grünen Kräutern zu beenden.
Der Zyklus sollte zumindest einmal durchlaufen werden.

Alte Traditionen – neue Werte

Die Ernährungslehre der Traditionellen Chinesischen Medizin hat nur teilweise mit der chinesischen Küche zu tun.
Vielmehr geht es in der Diätetik der TCM um ein altes, kosmisches Wissen, das demnach überall auf der Welt angewandt werden kann.
Stärke deine Verdauungsorgane durch leicht verdauliche Kost und bereite deine Speisen mit naturbelassenen Nahrungsmitteln der Region und Saison zu, also mit wirklichen „Lebens"-mitteln.
Es geht gerade für junge Mütter aber speziell für junge Väter um einen Bewusstwerdungsprozess. Dass neueste Errungenschaften nicht immer gut sind, muss auch häufig von modernen Wissenschaften eingestanden werden.
Man denke nur an Genmanipulation, Bestrahlung, Mikrowellen, Medikamentenverseuchung, all das bringt zwar mehr Ertrag und Profit, aber wirkliche Lebensqualität erreichen wir dadurch nicht.
Die letzten zwei Generationen haben mit all dem Fortschritt verlernt sich zu ernähren.
Die meisten orientieren sich nur am Außen, an Arbeit, Haus und Auto . . . und finden ihre Mitte nicht mehr. Zwei Mal pro Woche wird dann in Meditation und anderen illusionsfördenden Methoden Ausgleich gesucht.
Die Einfachheit sollte wieder in den Vordergrund gerückt werden.
Die bodenständige, erdige Arbeit von Bauern achten heißt auch, das Erdelement stärken.

Wenn wir gute Bio-Qualität essen und wieder Wert auf das einfache Leben legen, geben wir unserem Körper die Energie, die er auch verwerten kann und von der er lange zehren kann. Ähnlich einem Auto, das mit Super länger und besser fährt als mit Normalbenzin.
All den skeptischen, frischgebackenen Vätern, die sicherlich nicht zu Breichen-Essern werden wollen, weil sie ja richtige Männer sind und sich kraftvoll durchs Leben beißen wollen, sei gesagt, dass sie, um bei dem Vergleich mit dem Auto zu bleiben: einen Turbodiesel nicht ungestraft mit Benzin tanken können. Das Auto straft derart fatale Fehler sofort und verweigert den Dienst.
Unser Körper macht eine Ernährung mit Junkfood, Tiefkühlkost und Fertigküche aus der Mikrowelle auch nur begrenzt mit. Spätestens ab 30 zeigt er die ersten Ausfallserscheinungen.

Einkaufshilfe

Alle Rezepte sind so verfasst, dass sie die Zutaten in gut sortierten Großmärkten, Bioläden oder Reformhäusern kaufen können.
Exotische Zutaten wie die blutbildenden roten Datteln zum Beispiel erhalten sie ebenfalls im Bioladen oder im Chinaladen, wobei in Asia-Läden die biologische Qualitätssicherung meist nicht gegeben ist.
In Zeiten der weltweiten Vernetzung ist es auch relativ einfach bei verschiedenen Anbietern via Internet einzukaufen.

Wo finde ich was ?

Adukibohnen/Azukibohnen im Reformhaus, Bioladen oder Chinaladen.
Algen ebenfalls im Reformhaus oder im asiatischen Spezialitätengeschäft.
Angelikawurzel, die chinesische Wurzel gibt's in Scheiben geschnitten, getrocknet im Chinaladen, die Einheimische ***Engelwurz*** ist in der Apotheke erhältlich.
Bocksdornfrüchte sind im Chinaladen erhältlich.
Carob ist das fein vermahlene Pulver aus den gerösteten Schoten des Johannisbrotbaumes und wird in den nachfolgenden Rezepten großteils als Kakaoersatz verwendet. Erhältlich ist ***Carobpulver*** in allen Reformhäusern. Nicht zu verwechseln mit dem Johannisbrotkernmehl, das als Binde- und Verdickungsmittel Anwendung findet.
Galgant ist eine Wurzel, die vor allem aus der Hildegardmedizin bekannt ist. In Pulverform ist Galgant im Reformhaus erhältlich.
Kichererbsenmehl findet man im Großhandel und in indischen Läden.
Kuzu, das Stärkemehl der wildwachsenden Kuzuwurzel gibt's in Reformhäusern. Kuzu ist sehr teuer, da aus einer Wurzel von ca. 100 kg nur 3 kg Stärkemehl gewonnen werden können. Als Ersatz kann man das Mehl der Maniokwurzel verwenden, besser bekannt als ***Tapioka*** oder ***Pfeilwurzelmehl*** (= das Mehl von tropischen Stauden wie Cassave, Maranta oder eben Maniok).
Auch ***Sago*** bietet sich als Ersatz an. Sago ist das Mehl aus dem Mark der Sagopalme, heimisches Sago wird aus Kartoffelstärke hergestellt.
Longan ist eine Litschi-ähnliche Frucht, die wie Kirschen auf kleinen Bäumen wächst.
Man bekommt sie frisch oder getrocknet im Chinaladen. Oft sind sie auch schon geschält und ausgelöst in gepresster Form erhältlich.
Mandelmus gibt's im Bioladen oder im Reformhaus. Kaufen sie immer weißes Mandelmus, es ist zwar etwas teurer aber mit Sicherheit nicht bitter, da die Mandeln bereits geschält verarbeitet wurden.
Maulbeeren sind die kleinen Früchte des Maulbeerbaumes, die in warmen, südlichen Gegenden wachsen. Man bekommt sie leider nur selten frisch. Wenn sie nicht im Reformhaus erhältlich sind findet man getrocknete Maulbeeren oft in türkischen Geschäften.
Mung(o)bohnen die grüne Bohne gibt's im Reformhaus oder im Asialaden. Die Sprossen der Mungbohne werden im Supermarkt als „Sojabohnensprossen“ verkauft. Aus Mungbohnenmehl werden Glasnudeln gemacht.
Rote Datteln, oft auch als chinesische Datteln bezeichnet findet man im gut sortierten Reformhaus oder Bioladen und auch im Chinaladen.
Schwarzer Sesam ist im Reformhaus, Chinaladen oder im gut sortierten Gastro-Großhandel erhältlich.
Süßholz, Süßholz-Scheiben gibt's im Chinaladen. Als Tee, oft in kleinen Würfeln, gibt es heimisches Süßholz in der Apotheke. Süßholzpul-

ver finden sie auch in „Hildegard“-Läden. ***Süßkartoffeln*** gibt's im gut sortierten Supermarkt oder im Chinaladen. Dort werden oft auch die weißen oder gelben ***Bataten*** angeboten. Die rot-orange-farbigen Früchte sind jedoch vorzuziehen.
Tofu gibt's im Supermarkt. Den weichen Seidentofu gibt es meist nur im gut sortierten Reformhaus oder Bioladen und manchmal im Chinageschäft. Achten sie darauf, dass sie Tofu in Glasgefäßen mit Wasser oder Lake bekommen.
Tragant gibt's als ***Radix Astragalus*** in der Apotheke.
Umesu ist die Würze, die bei der Gärung der Umeboshi-Pflaume entsteht und ist in gut sortierten Reformhäusern erhältlich.

Alles Bio? – Logisch!

Leider sind die Preise für kontrolliert biologisch angebaute Produkte oft überteuert.
Prinzipiell sollte ihnen für ihre Kinder und ihre Gesundheit aber nichts zu teuer sein.
Bedenken sie, aus hochwertigen, unverseuchten Bio-Produkten kann ihr Körper viel Energie gewinnen und daher benötigen sie auch viel geringere Mengen. Wundern sie sich allerdings nicht, wenn sie nach einer bewussten Umstellung ihrer Ernährung den herkömmlichen Gasthausportionen nicht mehr gewachsen sind. Unterm Strich ist der finanzielle Aufwand für Bioprodukte nicht höher als für Unmengen von wertlosen Nahrungsmitteln.

Kleine Getreidekunde

Die heutigen Getreidearten stammen von wilden Gräsern ab. Die Getreidekörner sind die Früchte dieser Gräser.
Man kann das ganze Korn verwenden, es keimen lassen oder zu Flocken, Mehl oder Grieß verarbeitet zum Kochen verwenden.
Alle Getreidesorten werden in der Fünf-Elemente-Küche prinzipiell dem Erd-Element zugeordnet.
In manchen Lebensmitteltabellen werden verschiedene Getreide aufgrund ihrer Wirkung auf ein Organ oder ihres Geschmackes dem entsprechenden Element zugeordnet.

■ Weizen

ist das wichtigste Brotgetreide der Erde mit der größten Weltanbaufläche. Weizen ist durch seinen hohen Anteil an Klebereiweiß (Gluten) gut zum Backen geeignet, ist mild im Geschmack und enthält viel Vitamine des B-Komplexes, vor allem B2 (Niacin).
In der TCM wird Weizen dem Erd-Element zugeordnet, sein Geschmack ist süß, die Temperatur ist kühlend, er wirkt aufsteigend, tonisiert Qi und Blut, sediert das Yang und stillt Durst. Aufgrund seiner Wirkung auf das Herz wird er oft auch zum Holz-Element gezählt. Weizen beruhigt den Geist und nährt das Herz.
Es gibt eine Vielzahl von Weizensorten, die an unterschiedliche Klimate angepasst sind:

Dinkel oder Spelt ist viel anspruchsloser als Weizen. Er wird gerne als Urweizen bezeichnet und stammt von einer Kreuzung aus Emmer und Zwergweizen ab. *Dinkel* enthält wie Saatweizen sehr viel Klebereiweiß (Gluten). Aus geröstetem Dinkel kann man auch Kaffee machen den sogenannten Muggefugg, nach Pfarrer Kneipp.
Grünkern (gibt es seit ca. 1660) ist unreifer, grüner Dinkel, der vor der Milchreife geerntet wird. Durch Dörren, also trocknen erhält er einen würzigen, kräftigen Geschmack. Grünkern enthält viel Phosphor und Eisen.

Emmer ist eine der ältesten Getreidesorten, hat aber heute kaum eine Bedeutung.

Einkorn ist die älteste Weizensorte und der Vorfahre vom heutigen Saatweizen, Dinkel und Emmer. Es wird heute nur noch aus wissenschaftlichen Gründen oder zu Illustrationszwecken angebaut. Einkorn wurde auch bei Ötzi gefunden.

Kamut ist eine Zuchtform des Emmer, die im Mittleren Osten entwickelt wurde. Vor einigen Jahrzehnten fand man Kamut in einer Pyramidengabe. In den letzten Jahren wird er wieder häufiger, besonders im biologischen Landbau, angebaut und als „gesundes“ Getreide vermarktet.
Hartweizen wird hauptsächlich für Nudeln verwendet.
Bulgur ist geschroteter Hartweizen.
Couscous ist vorgekochter Hartweizengrieß. Der Geschmack ist süß, die Thermik kühlend, er stärkt die Mitte und ist leicht verdaulich.

■ Roggen

galt ursprünglich als Unkraut auf Weizenfeldern. Roggen wird hauptsächlich zum Brotbacken verwendet aber auch zur Alkoholherstellung (Korn). Roggen schmeckt bitter, wird daher dem Feuer zugeordnet, er ist von neutraler Temperatur und aufsteigender Wirkrichtung. Er wird in der TCM u. a. zur Behandlung von Blutungen nach der Entbindung eingesetzt. Roggen trocknet Feuchtigkeit. Roggenbrot ist deshalb für Übergewichtige oder Krebspatienten am ehesten geeignet.
Die neueste Kreuzung zwischen Weizen und Roggen nennt man Triticale

■ Triticale

wurde Ende des 19. Jh. in Schweden und Schottland gezüchtet um Getreide auch in kühleren Gegenden anbauen zu können.

■ Mais

In Europa wird meist nur gelber Mais angebaut, es gibt aber auch roten und blauen Mais, Maisgrieß oder Polenta ist gut bei Allergien geeignet, da er kein Klebereiweiß enthält. Mais ist reich an Carotin und Vitamin E. Aufgrund seines süßen Geschmackes wird Mais dem Erdelement zugeordnet. Er ist neutral, tonisiert Qi und Blut, wirkt appetitanregend und harntreibend.

Reis

ist neben Weizen und Mais das wichtigste Getreide der Welt. Es gibt verschiedenen Langkorn und Rundkornreissorten wovon wiederum Naturreis und geschälter, polierter Reis unterschieden werden. Ein Korn besteht zu 70% aus Stärke, rund 1 % Fett und ca. 6–8% Eiweiß. Das Reiseiweiß enthält kein Gluten. Reis schmeckt süß, er ist neutral, tonisiert Qi und Blut, lindert Depressionen, stillt Durst und hilft bei Durchfall.

Roter Reis ist eine Mittelkorn-Spezialität. Die Farbe in der Außenhaut erhält er aus tonhältigen Böden der Carmargue in Frankreich oder aus Anbaugebieten in Indien.

Süßer Reis, auch Mochi (sprich moschi, japanisch) genannt ist Rundkornreis, der vor der Vollreife geerntet wird. Die enthaltene Stärke schmeckt noch leicht süßlich. Süßreis enthält Gluten! Er ist thermisch warm, beseitigt Blutstauungen und tonisiert den Mittleren Erwärmer. Mochi darf bei Verstopfung nicht gegessen werden.

Wilder Reis ist kein Reis, auch wenn er aussieht wie schwarzer Reis.
Es gibt zwei Arten: einer stammt aus Nordamerika und wird seit Jahrhunderten von den Indianern genutzt, der andere kommt, in der Mandschurei, in Südostasien vor und ist eigentlich Wasserbambus. Wilder Reis ist kühlend, schmeckt süß bis bitter, tonisiert das Blut und kühlt Hitze.

Hafer

ist ein Getreide, das heute nicht mehr so viel angebaut wird, da wir statt Pferden Autos als Transportmittel benützen und nicht mehr so viel Futter brauchen. Es gibt 27 Arten von Hafer. Hafer wird meist in Flockenform verwendet. Hinsichtlich der Inhaltsstoffe ist der Hafer die Nummer 1 unter den Getreiden. Von allen gängigen Getreidearten besitzt er den höchsten Mineralstoffgehalt. Der hohe Eisengehalt ist vergleichbar mit vielen Fleischsorten.
Hafer schmeckt süß bis scharf, er wärmt den Körper und tonisiert das Qi.

Gerste

ist eine der ältesten Kulturpflanzen und wird großteils zur Bier und Whiskyherstellung verwendet.
Gerste ist thermisch kühlend, von süßem bis salzigem Geschmack, sie kühlt Hitze, befeuchtet Trockenheit und tonisiert neben Qi und Blut auch das Yin.

Hirse

ist ein Sammelbegriff für verschiedene Gräser, wenn wir im deutschen Sprachraum von Hirse sprechen, meinen wir die ***Rispenhirse,*** auch Gold- oder Gelbhirse. Andere Hirsearten sind z.B. Sowihirse, Kutkihirse, Borstenhirse, Perlhirse, Kodohirse, Tef oder Trotter, japanische

Hirse, Fingerhirse, Hiobs-Träne (chin.: Yi Yi Ren), Guinea-Hirse und die in letzter Zeit als Allheilmittel propagierte Braune Hirse.
Rispenhirse (Goldhirse) ist neutral bis kühlend, schmeckt süß und salzig, die Wirkrichtung ist aufsteigend, sie wird dem Erdelement zugeordnet. Wirkt harmonisierend auf den Mittleren Erwärmer und neutralisiert Gift.
Die ***Hiobsträne*** ist kühl, schmeckt süß bis neutral. Ihr besonderer Wert liegt in der Fähigkeit Feuchtigkeit versickern zu lassen, weshalb sie zur Behandlung von Ödemen oder Übergewicht eingesetzt wird.

■ Pseudo-Getreide

Buchweizen ist kein Gras, sondern ein Knöterichgewächs und mit der Sauerampfer und dem Rhabarber verwandt. Er hat einen hohen Lecithin Gehalt. Buchweizen hat einen süßmilden, bitter-nussigen Geschmack. Er ist kühlend, wirkt absteigend, verbessert den Appetit und wirkt entschleimend.
Amaranth ist auch kein Getreide, sondern ein Fuchsschwanzgewächs, es gibt 57 verschiedene Arten davon. Amaranth ist glutenfrei, wirkt kühlend, schmeckt bitter-süß, und wird hauptsächlich bei Feuchtigkeitssymptomatik eingesetzt.
Quinoa *(sprich Kinwa)* ist ein Gänsefußgewächs und kommt ursprünglich aus den Anden also aus den Bergen Südamerikas. Es galt den Inkas als Quelle des Lebens, nicht zuletzt aufgrund seines hohen Anteils an lebensnotwendigen Eiweißstoffen. Quinoa tonisiert Blut und Qi, ist neutral und schmeckt leicht bitter.

Vom Korn zum Mehl

In der Schale von Getreidekörnern befindet sich ein Großteil der Vitamine, Mineralstoffe und Spurenelemente. Werden die Körner als ganzes „Vollkorn“ vermahlen, so kommen auch all die wertvollen Inhaltstoffe in die Speisen bzw. in unseren Körper.
Wer nur weißes Auszugsmehl verwendet, begnügt sich mit einem sechstel der Nährstoffe und riskiert so Mangelerkrankungen.
Ist das Korn einmal frisch vermahlen, geschrotet oder gepresst, sollte es möglichst schnell aufgebraucht werden. Licht und Luft verändern nämlich die Inhaltstoffe sehr rasch.
Gemahlenes Getreide oder Flocken müssen deshalb immer dunkel gelagert werden, denn B-Vitamine vertragen keine Helligkeit. E-Vitamine und ungesättigte Fettsäuren reagieren empfindlich auf Sauerstoff, d.h. die Flocken werden ranzig. Sollten sie keine Getreidemühle in ihrer Küche haben, so können sie schon in vielen Bioläden und Reformhäusern das Getreide mahlen oder schroten.

Das 1x1 der Zubereitung

■ Getreide sollte vor dem Kochen immer in einem feinmaschigen Sieb gewaschen werden, bis das Wasser klar ist. Hirse muss vor dem Kochen mit heißem Wasser abgespült werden, da sich auf den Körnern Gerbstoffe befinden, die die wertvollen Mineralien binden und für den Körper unverwertbar machen.

■ Vollkorngetreide ist für die meisten Menschen und vor allem für Kinder sehr schwer verdaulich, er muss vor dem Verzehr entweder eingeweicht werden oder zu einem Congee (einer Suppe) verarbeitet werden. Dafür wird das Korn mehrere Stunden mit der 10-fachen Menge Wasser gekocht.

■ Kleine Körner wie Hirse, Quinoa, Amaranth, Basmatireis oder geschälter Rundkornreis kocht man mit der 3-fachen Menge Wasser auf und lässt sie auf kleinster Flamme, zugedeckt ausquellen, bis das Wasser vollständig aufgenommen wurde. Das Getreide ist nach ca. 20 Minuten weich.
Wichtig! Nicht umrühren, sonst wird das Getreide klebrig und kann anbrennen.

■ Getreideflocken müssen auch entweder eingeweicht werden oder 20 Minuten kochen. Bei vorgedämpften bzw. eingeweichten Flocken reicht eine Kochzeit von 10 Minuten aus.

■ Getreide muss immer mit etwas Fett gegessen werden. Geben sie also einige Tropfen Öl oder ein Stück Butter auf das fertig gekochte Getreide.

Rezepte

Alle Rezepte reichen, wenn nicht anders angegeben, für 2 Erwachsene und 1 Kind und sind, wenn nicht anders angegeben, für Babys ab dem 6. Monat geeignet.
Die Mengenangaben sind „zirka"-Angaben, da der Einfachheit und Schnelligkeit halber lieber in Tassen, handvoll und kleinen oder großen Löffeleinheiten gemessen werden soll als mühevoll und starr immer alles abzuwiegen oder zu messen.
Zeitangaben können auch nur Richtwerte sein, denn sie hängen von vielen Faktoren ab. Z.B. von der Größe des Gargutes, der Leistungsfähigkeit des Herdes und auch der Lage des Herdes, denn im Gebirge dauert es aufgrund des geringeren Luftdrucks nicht so lange bis Speisen gar sind.
Die Zutaten können auch gerne variiert werden, denn Kochen ist eine Kunst, die von Liebe, Phantasie und Kreativität lebt.

■ **Abkürzungen**

ca.	**Zirka**
EL	**Esslöffel**
TL	**Teelöffel**
Msp	**Messerspitze**
g	**Gramm**
kg	**Kilogramm**
ml	**Milliliter**
l	**Liter**
min	**Minuten**
Stk	**Stück**

Geräte für die Zubereitung

Unbedingt erforderlich:

Ein Pürierstab von guter Qualität, er wird in den ersten 2 Jahren ihres Kindes im Dauereinsatz sein.
Große Töpfe mit einem Mindestfassungsvermögen von 5 Litern, zur Zubereitung von Kraftsuppen und ähnlichem.
Eine Reibe und eventuell ***eine Glasreibe,*** damit das Obst besonders fein wird.
Ein feinmaschiges Sieb.
Hohe Töpfe mit kleinem Durchmesser zur Zubereitung von Breis, die man gleich im Topf pürieren will.
Einen Messbecher oder ***ein Fläschchen.***
Einen Gemüse- oder Sparschäler.
Gläser mit Schraubdeckel zur Aufbewahrung von haltbaren Lebensmittel wie z.B. Obstmus.
Ein Schneebesen zum Schlagen von Eiweiß oder Schlagobers.

Von Vorteil

Eine Getreidemühle und Flockenpresse. Sie sind jedoch nicht unbedingt notwendig, denn sie können sich das Getreide ja auch im Reformhaus oder im Bioladen flocken, schroten oder mahlen lassen.
Die Rezepte sind alle für handelsübliche Getreideformen ausgelegt.
Eine Küchenmaschine erleichtert das Zerkleinern von Fleisch, Nüssen und anderen Zutaten bzw. Speisen. Suppen können im Mixaufsatz besonders fein püriert werden.
Natürlich können sie auch alles zerkleinert kaufen oder die Speisen mit dem Pürierstab babygerecht aufbereiten.
Ein Toaster. Sie können ihre Brote auch im Backofen unter den Grill legen, aber das kostet.
Passiersieb (Flotte Lotte).
Eine oder mehrere Gewürzmühlen oder ***einen Mörser.***
Ein Stabmixer.

Suppen und Eintöpfe

Kraftsuppen

Unter Kraftsuppen versteht man sehr lange (mindestens 3–4 Stunden) gekochte Suppen. Sie können für therapeutische Zwecke auch mit entsprechenden Kräutern und Gewürzen über Nacht (bis zu 12 Stunden) gekocht werden.
Jedes derart gekochte Fleisch aber auch Gemüse gibt all seine Kraft an die Suppe ab. Das Wasser dient dabei als Energiespeicher. Diese Eigenschaft des Wasser ist in der Traditionellen Chinesischen Medizin schon seit mehreren tausend Jahren bekannt. Die Speicherkraft des Wassers wird auch in der Homöopathie genutzt. Der japanische Wasserkristall-Forscher Maraso Emoto zeigt diese Gesetzmäßigkeiten auf eindrucksvolle Weise in seinen Kristallbildern.
In einer klaren Kraftsuppe befindet sich demnach alles, was darin zuvor stundenlang gekocht worden ist. Natürlich kann das was auf diese Weise ausgekocht wurde nicht mehr verzehrt werden. Fleisch, Gemüse und Gewürze sind wertlos geworden, sie haben ihren Wert an das Wasser abgegeben. Daraus ergibt sich die notwendige Konsequenz, dass für Kraftsuppen nur qualitativ hochwertige Bio-Qualität verwendet wird, denn auch alle Schadstoffe gehen bei dem langen Kochvorgang energetisch auf die Suppe über.

Grundrezepte

Dunkle Suppe

in einem heißen großen Topf,
etwas ***Öl*** erhitzen,
grob geschnittenes ***Gemüse***
(Karotten, Pastinaken, Petersilienwurzel,
Sellerie, Zwiebeln)
ev. einige ***Suppenknochen*** oder
ein Stück ***Beinfleisch*** anbraten.
1 dicke Scheibe ***Ingwer,***
1 ***Lorbeerblatt, Liebstöckel*** dazugeben,
mit ***Wasser*** aufgießen,
1/2 Bund ***Petersilie*** hineinlegen,
einige Stunden köcheln lassen,
je länger gekocht, umso mehr Energie
ist im Wasser gespeichert.

Helle Suppe

in einem großen Topf reichlich
Wasser mit einem ***Zweig Petersilie***
zum Kochen bringen,
grob geschnittenes ***Gemüse, Suppenfleisch,***
Gewürze zugeben und köcheln lassen.
Suppe abseihen, abkühlen lassen
und kühlstellen.
Wichtig ist es, die Suppe erst
bei Verwendung zu salzen.

Tipp

Fleischsuppen nicht stark kochen und auch nicht zudecken, denn sonst werden sie trüb.
Zusätzlicher Tipp: *Da die Suppen für Babys verwendet werden, sind keine Gewürze angegeben. Wenn sie für größere Kinder kochen, können sie noch Pfeffer- oder Pimentkörner und Wacholderbeere zur Suppe geben.*

Sollten sie einmal keine Suppe zum
Aufgießen vorrätig haben, dann würzen sie
das Wasser mit folgender

Suppenwürze

Wurzelgemüse: Karotten, Sellerie,
Petersilwurzel – faschieren.
frische Kräuter: Liebstöckel, Petersilie,
Selleriegrün – fein hacken oder besser
(in der Küchenmaschine) faschieren,
mit reichlich Salz mischen, kurz ziehen
lassen, ausdrücken und in saubere
Schraubgläser füllen.
Diese Suppenwürze hält sich ca. ein Jahr,
solange die Gläser verschlossen sind.

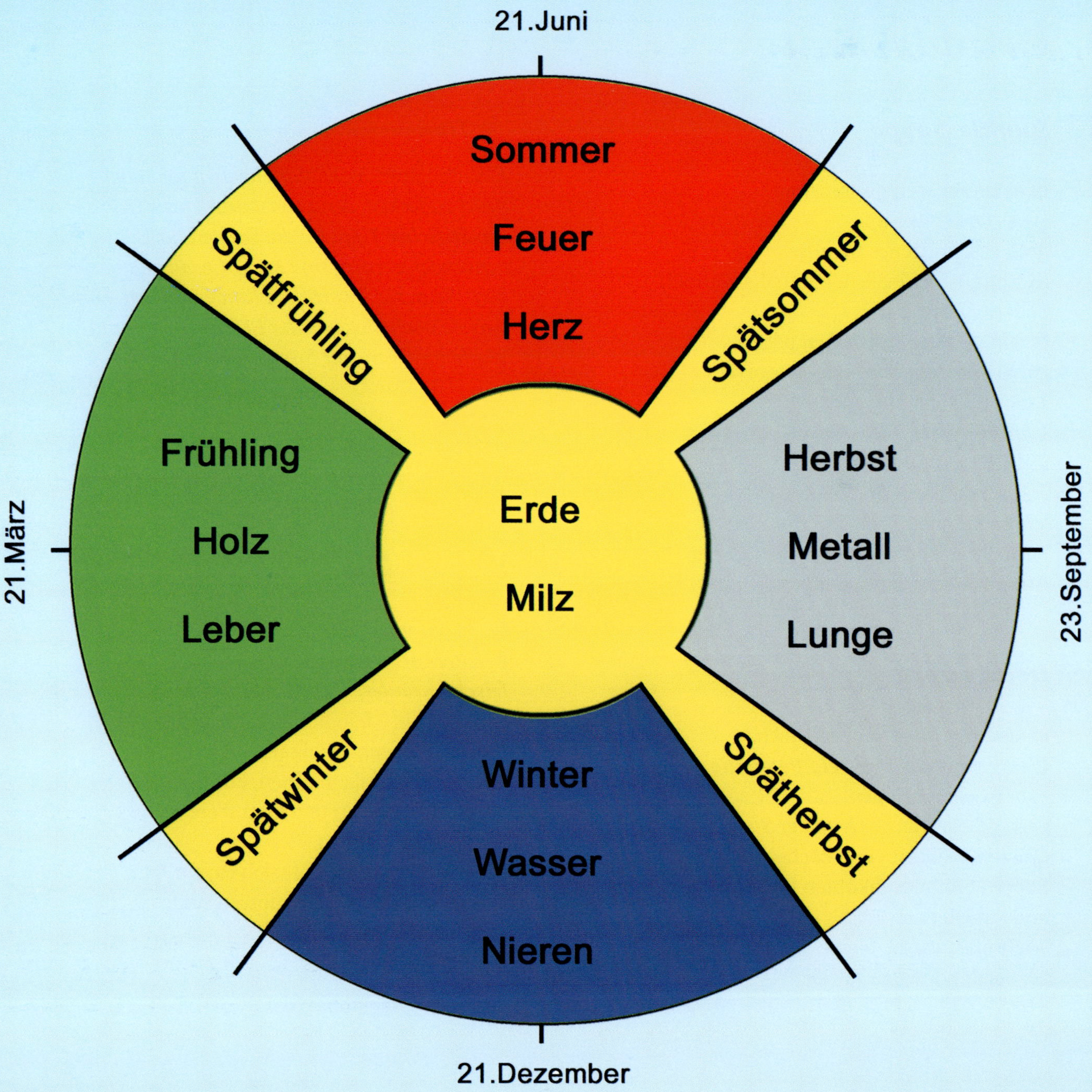
21.Juni
Sommer
Feuer
Herz
Spätfrühling
Spätsommer
Frühling
Holz
Leber
21.März
Erde
Milz
Herbst
Metall
Lunge
23.September
Spätwinter
Spätherbst
Winter
Wasser
Nieren
21.Dezember

Die Jahreszeiten

Das Diagramm zeigt die vier Jahreszeiten und Wandlungsphasen entsprechend des traditionellen chinesischen Kalenders.
Laut dieses Kalenders, mit 360 Tagen dauert jede Jahreszeit 72 Tage.
Die Zwischenzeiten, DOJO (sprich doschu) genannt beträgt demnach 4x18 Tage.
In der Dojozeit bereitet sich nicht nur die Natur, sondern auch wir uns auf die kommende Jahreszeit mit ihrer speziellen Energie vor.
Es empfiehlt sich in dieser Zeit das Erdelement mit besonders viel erdigen Lebensmitteln wie Getreide und Gemüse zu stärken.
Wobei vor allem in der Kinderernährung Getreide und Hülsenfrüchte zu jeder Jahreszeit den Hauptbestandteil bilden sollten.

Die Schlüsselbegriffe der orientalischen Lebenskunst sind Natürlichkeit, Einfachheit und Anpassungsfähigkeit. Das heißt, wir sollten das essen was uns die Natur, in unseren Breiten, zur jeweiligen Jahreszeit zu bieten hat, keine denaturierten Fertiggerichte.
Manche Gemüse und Früchte wachsen nur zu einer bestimmten Jahreszeit an einem bestimmten Ort.
Um sich und seine Kinder ausgewogen zu ernähren, ist es wichtig die Gaben der Natur zur rechten Zeit zu nutzen.
Im Folgenden werden die einzelnen Jahreszeiten mit ihren Energiequalitäten erklärt und Rezepte unter Berücksichtigung der Verfügbarkeit von Lebensmitteln vorgeschlagen.

Der Frühling bringt Blumen

Von Anfang Februar bis Anfang Mai
Wandlungsphase HOLZ

Alles grünt und sprießt. Die Fahrräder und Rollschuhe werden flott gemacht. Die Familie strebt nach draußen – ins Grüne. Wichtig ist es, dabei immer warm gekleidet zu sein. Das Yang im Körper beginnt sich nach dem langen Winter erst zu entfalten und wir sind im Frühling besonders anfällig für Kälte und vor allem Wind.
Grün ist die Farbe des Holz-Elements.
Der Geschmack ist ***sauer***, da grüne Lebensmittel viel organische Säuren enthalten.
Sauer macht lustig, d.h. kleine Mengen saurer Nahrungsmittel regen die Leber und die Gallenblase, die Organe des Holz-Elements an und das lässt die Energie fließen.
Wenn die Organe kein Frühlingserwachen haben liegt es oft an einer Ernährung mit zu säurehaltigen, rohen und thermisch-kalten Lebensmitteln. Ein zu viel an z.B. Kiwis, Mandarinen, Ananas, Zitronen, Topfen, Kefir, Joghurt, Früchtetees, hemmt die Leberaktivität und der Mensch wird sauer.

Der Frühling soll neue Lebensenergie bringen. Man sollte sich von allem was einen einengt befreien. Ein Frühjahrsputz für Haus, Leib und Seele.

Das ***Yang*** – Thema der Wandlungsphase Holz ist Aktivität, Wachstum und Entwicklung.
Unsere Kinder befinden sich im Frühling ihres Lebens.

Wachstum erfordert Flexibilität und Bewegung nach außen.

Versuchen sie also Einengungen, Konflikte zu erkennen und nach außen zu tragen. Sonst kann es zum Energiestau, zur Frustration oder zur Wut und Aggression kommen. Dann „ärgert man sich grün und blau".
Holz wird durch Metall kontrolliert:
Zuviel Metall kann jedoch beschneiden, was besonders für die Erziehung unserer Kinder gilt.
Tränen als Flüssigkeit des Metallelements kühlen oft die Wut auf die strengen Erziehungsmaßnahmen und Einschränkungen.
Im Nei jing heißt es: „Leben lassen und nicht töten, geben und nicht nehmen, belohnen und nicht strafen."

Gleichzeitig befinden wir uns im Frühling auch im ***Yin*** was Innehalten, zurücklehnen und Abwehr bedeutet.
Achten sie darauf, dass ihr Kind die Zeit des Innehaltens nicht vor dem Fernseher, sondern eher mit einem ruhigen Spiel oder Musik nützt.
Hören sie viel Gitarrenmusik und Musik von Holzblasinstrumenten, wie Horn, Flöte, Saxophon, oder noch besser: machen sie mit ihren Kindern Musik und singen sie mit ihnen Frühlingslieder, das stärkt die Holzenergie.

Damit unsere Kinder flexibel bleiben und nicht zu Holz-Köpfen werden, die nichts ausprobieren wollen, alles Neue ablehnen und im schlimmsten Falle blind und starr vor Wut werden, kann man sie gerade im Frühling animieren mal die selbst gepflückte Brunnenkresse oder die Knödel mit Bärlauch zu kosten.

Die ***Ernährung*** wechselt von schwerer, heißer, wärmender Winternahrung zur bewegenden Frühlingsnahrung.
Das Yang (im Körper) bewegt sich wieder nach oben.
Alles sprießt.

Alles Sprießende sollte jetzt gegessen werden, denn Chlorophyll (Blattgrün) nährt das Blut und grüne, saure und thermisch erfrischende Nahrungsmittel sammeln das Qi und bewahren es.

Dazu gehören

- *Sprossen aller Art v.a. mit scharfem Geschmack: Kresse, Senf, Radieschen . . . steigern die Abwehrkräfte.*
- *Erste Frühlingskräuter und Blätter: Bärlauch, Brennnesseln, Beifuss, Sauerampfer, Löwenzahn, Birkenblätter . . .*
- *Getreide aus dem Holzelement – Grünkern, Weizen, Sesam . . .*
- *Fleisch aus dem Holzelement wie Huhn oder Ente . . .*
- *und Frühlingszwiebeln bzw. Lauch*

Süße Lebensmittel wie Karotten und Stangensellerie, Reis, Rindfleisch, Datteln, Hülsenfrüchte und Kerne entspannen das Leber-Qi und sollten den Hauptbestandteil der Nahrung bilden.

Frühlingszeit ist Fastenzeit

Fasten ist aus Sicht der Ernährung nach den Fünf Elementen nur im Sinne von sich besinnen und bewusst auf das achten, was man isst, zu empfehlen.
Kinder haben oft noch das Gespür dafür erhalten, wann sie besser nicht (mehr) essen. Keine Sorge, wenn ihre Kleinen mal mehrere Tage wie die Vögel picken. Werfen sie mal einen Blick auf den Mondkalender denn bei abnehmendem Mond oder rund um den Neumond ist es durchaus normal, dass der Organismus weniger Nahrung benötigt.

Wichtig ist nur, dass vollwertige Mahlzeiten nicht durch den Genuss von Süßigkeiten ersetzt werden.
Hier empfiehlt sich die alte Kloster-Regel, nur am Sonntag die Köstlichkeiten zu verzehren. (40 Tage Fastenzeit – von Aschermittwoch bis Ostersonntag sind es 46 Tage)

Lassen sie ihr Kind in der Fastenzeit oder auch das ganze Jahr über die Süßigkeiten, die es (von Verwandten) bekommt z.B. in einer kleinen Schatzkiste sammeln und am Wochenende darf es sich dann mal so richtig satt essen.
Als Erwachsener kann man durchaus mal einige Suppentage einschieben, damit man wieder sensibler wird, für das was kommt.
Entschlacken sie ihren Körper mit frischem Blattgemüse wie Chinakohl, Stangensellerie oder Spinat. Anstelle von Fleisch sollten sie Shiitake Pilze essen.

Frühlingszeit ist Heuschnupfenzeit

Leidet ihr Kind unter der Abwehrschwäche Heuschnupfen, so ist es besonders wichtig, die Verdauungsorgane mit Lebensmitteln aus dem Erd-Element ➤ *(siehe Kinderernährung, Seite 16)* zu stärken.
Viel Stangensellerie, Karotten und schwarzer Sesam helfen die Zeit des Pollenfluges durchzustehen. Bei Problemen mit den Augen sind Chinesische Chrysanthemenblüten als Tee sehr zu empfehlen, aber nur für kurze Zeit, d.h. im Akutfall einige Tage lang.

Quinoa-Hirsebrei

Am Vorabend
Je 1/2 Tasse (ca. 90 g) ***Quinoa***
und ***Hirse*** heiß spülen, mit
1 EL (10 g) gemahlenen ***Sesam,***
3–4 ***roten Datteln*** und
3 Tassen ***Wasser*** aufkochen
und ausquellen lassen.

Morgens
Apfel-Karottenmus zubereiten:
1–2 ***Karotten*** schälen, in kleine Stücke
schneiden, in ***Wasser*** ca. 5 Minuten
weichdünsten,
2 ***Äpfel*** schälen, entkernen, in kleine Stücke
schneiden und mit den Karotten noch
ca. 2 Minuten dünsten, fein pürieren,
mit ***Zimt*** und ***Zitronensaft*** würzen.
Getreide mit etwas ***Wasser*** in einer heißen
Pfanne anwärmen, mit einem Stück ***Butter***
und dem Mus servieren.

Fürs Baby
Das Getreide morgens mit reichlich Wasser
sehr saftig einkochen und ev. pürieren.

Couscous mit Früchten

(Ab dem 10. Monat)

1 Tasse (ca. 125 g) ***Couscous*** mit
1 EL ***Öl,***
3 EL ***Rosinen,*** eventuell ***Maulbeeren,***
Apfelwürfeln und ***Zimt,***
in 2–3 Tassen ***Wasser*** aufkochen und kurz
(ca. 5 Minuten) quellen lassen,
mit wenig geriebener ***Zitronenschale***
(natürlich nur von wirklich
unbehandelten Früchten) und
Mandelmus vermengen,
mit ***selbstgemachter Marmelade***
servieren.

Grießbrei

(Maisgrieß 1–2 Mal die Woche, Dinkel-, Kamut- oder Weizengrieß erst ab dem 10. Monat)

Pro Person
1/8 Liter ***Wasser*** und
1/8 Liter ***Milch*** mit
3 EL (ca. 45 g) Grieß
1 Msp ***Kardamompulver***
1 Msp ***Zimtpulver*** aufkochen
dabei kräftig umrühren,
ca. 5 bis 10 Minuten köcheln lassen
1 ***Apfel***, schälen und in den
heißen Grießbrei reiben
Zum Garnieren:
1 TL rote ***Marmelade***
1 EL ***Butter***

Fürs Baby
1/2 Apfel schälen, in kleine Stücke schneiden, mit dem 1 EL Grieß und 1/8 l Wasser aufkochen und den Brei pürieren.

Tipp

Auch ältere Kinder sind oft recht empfindlich, wenn sie auf Apfelfasern beißen, hier empfiehlt es sich eine Glasreibe zu verwenden.
(Roher Apfel von der Glasreibe für Babys erst ab dem 10. Monat)
Machen sie ruhig mal mehr! Der fertige Brei lässt sich in ein Gläschen füllen und als Zwischenmahlzeit, unterwegs füttern.

Pikant

Sprossenreis mit Ei

(Ab dem 10. Monat – Für 1 Person)

F Pfanne erhitzen,
E 1 EL ***Butter*** oder Öl hineingeben,
1 Schöpfer (ca.100 g) gekochten ***Reis***
darin anbraten und
1 ***Ei*** mit
1 EL ***Schlagobers***
(ersatzweise Milch) verquirlen,
in die Pfanne gießen
M mit ***Pfeffer*** und ***Ysop*** würzen,
W salzen
H ca. 50 g (eine Hand voll) ***Bohnensprossen***
oder ***Linsensprossen*** heiß abwaschen,
klein schneiden und kurz mitbraten
die Platte auf kleine Flamme zurückdrehen,
umrühren, bis die Eier fest sind.
ev. mit gehackter ***Petersilie*** und
W ***Schinkenstreifen*** servieren.

Tipp

Statt Sprossen kann man klein geschnittenes Gemüse nach Wahl nehmen, z.B. Karotten, Pilze . . .

Vegetarisch

Fenchelgemüse mit Sesamkartoffeln

Pro Person
2–3 ***Kartoffeln*** (für 3 Personen ca. 1/2 kg)
in ***Kümmelwasser*** 1/2 TL ***Kümmel***) kochen,
schälen, in einer heißen Pfanne
1 EL ***Sesamsamen*** kurz rösten,
1 EL ***Butter,***
etwas ***gemahlenen Kümmel*** dazugeben,
die Kartoffeln darin schwenken,
bei Tisch etwas ***salzen.***

F In einer heißen Pfanne
E 1 EL ***Öl*** erhitzen,
1 ***Zwiebel,*** in Halbringe geschnitten
darin anbraten,
2–3 ***Fenchelknollen*** halbieren,
Grün zur Seite legen,
in Ringe schneiden und ebenfalls anbraten,
M mit ***Koriander*** und ***Pfeffer*** würzen,
W etwas ***Wasser*** angießen,
H 1 Spritzer ***Zitronensaft*** dazu geben und
F 5–10 Minuten dünsten lassen
E 1 ***Apfel*** in Würfel schneiden,
zum Fenchel geben und kurz mitdünsten.

Gemüse mit gehacktem Fenchelgrün
und Kartoffeln servieren.
Dazu passt Fischfilet (z.B. Barsch)

Fürs Baby
Das Gemüse pürieren, die Kartoffeln
zerdrücken und nur mit Gomasio
➤ *(Zubereitung siehe Seite 81)* bestreuen,
nicht in ganzen Sesamkörnern wälzen.

Variante

Schmeckt auch mit
Tomaten- statt Apfelwürfeln.

Vegetarisch

Burger mit Kohlrabi-Sticks

(Ab dem 10. Monat)

Für die Burger
In 1/2 l ***Suppe*** 200 g ***Grünkern***- oder ***Dinkelflocken*** aufkochen und ausquellen lassen. Wenn die Flüssigkeit aufgenommen wurde, das Getreide in eine Schüssel füllen und auskühlen lassen.
Paprikapulver und
1 ***Ei*** dazugeben,
1 ***Karotte*** und eventuell 1 Stück ***Sellerie*** schälen und fein über die Flocken reiben.
Getreidemischung mit ***Pfeffer*** und ***Salz*** würzen.
2 EL ***Brösel*** und fein gehackte ***Petersilie*** dazugeben. Alles nochmals gut durchmischen und Laibchen formen.
In einer heißen Pfanne die Burger in etwas ***Öl*** oder ***Butterschmalz*** ausbraten.

Kohlrabi-Frittes
1 **Kohlrabiknolle** schälen und in ca. 1 cm dicke Scheiben schneiden, in Salzwasser mit einem halben ***Apfel*** und 2 ***Lorbeerblättern*** ca. 5 Minuten weichkochen. (der Apfel verhindert den Kohlgeruch in der gesamten Wohnung) – man muss die Kohlrabi nicht vorkochen, aber ungekocht können sie zu Blähungen führen!
Aus dem Wasser nehmen, gut trocken tupfen, in Streifen schneiden und panieren:
erst in ***Mehl*** wenden, dann ein ***Ei*** mit ***Paprikapulver*** und geriebener ***Muskatnuss*** verquirlen und die Streifen durchziehen, kurz abtropfen lassen und in einem Gemisch aus ***Brösel*** und ***Sesamsamen*** wenden, gut andrücken. Die panierten Streifen in ***Öl*** oder ***Butterschmalz*** ausbraten.

Dazu braucht man natürlich unbedingt
Ketchup
In einem großen, hohen Topf
1 EL ***Olivenöl*** erhitzen
1–2 ***Zwiebeln,*** in kleine Stücke geschnitten anschwitzen,
1–2 ***Knoblauchzehen,*** klein geschnitten dazugeben,
2–3 EL (ca. 30 g) ***Zucker*** einrühren,
1 TL frisch geriebener ***Ingwer***
1/2 TL ***Pfeffer,*** 2–3 ***Nelken,***
1 ***Lorbeerblatt, Koriander,***
Senfsamen gemahlen oder 1/2 TL ***Senf***
1 TL ***Salz*** dazugeben,
1 kg ***Tomaten*** in Würfel schneiden (oder fertige Tomatenwürfel aus dem Glas verwenden) und in den Topf geben mit 150 ml ***Essig*** und einem Spritzer ***Zitronensaft*** aufgießen,
frisches ***Basilikum*** beimengen.

Alles ca. 30 Minuten köcheln lassen.
Immer wieder umrühren!
Das Tomatenmus mit der Hand
durch ein Sieb streichen oder passieren.
Das Ketchup nochmals ca. 1 Stunde köcheln lassen, damit es schön dick wird. Das fertige Ketchup heiß in Gläser füllen. Geöffnete Gläser möglichst innerhalb einer Woche verbrauchen.

BIOWEINGUT EDELHOF
grüner veltliner

Fischauflauf

(Ab dem 1. Geburtstag)

6 Schollenfilets mit
Salz und etwas ***Zitronensaft*** oder
Weißwein marinieren.
frischen ***Brennnessel-Spinat*** (ca. 200 g)
gründlich waschen, mit kochendem ***Wasser***
übergießen und klein schneiden.

Béchamelsoße
2 ***Frühlingszwiebeln,*** klein gehackt und
1 gepresste ***Knoblauchzehe*** in
1 EL ***Butter*** anschwitzen, mit
1 EL ***Mehl*** stauben,
mit ca. 1/4 l ***Milch*** aufgießen,
etwas überkühlen lassen
1 ***Ei*** unterheben
mit ***Thymian, Pfeffer, Muskatnuss*** und
Salz würzen, alles abwechselnd in eine
Auflaufform schichten:
Soße > Fisch > Spinat > Fisch.
Als Abschluss nochmals Soße darüber gießen,
mit ***geriebenem Käse*** bestreuen,
Butterflocken verteilen und
ca. 30 Minuten bei 200°C überbacken.
dazu passen Bandnudeln, Kartoffeln, oder
Bataten-Kartoffelpüree.

Bataten-Kartoffelpüree
1/2 kg ***Kartoffeln*** und
1 oder 2 ***Süßkartoffeln*** schälen
und in kleine Würfel schneiden.
Die Kartoffeln in ***Salzwasser*** weichkochen,
abseihen, mit einer Gabel oder mit dem
Stampfer zerdrücken bzw.
durch eine Kartoffelpresse drücken.
ca. 150 ml ***Milch*** angießen,
1 EL ***Butter*** dazu, mit
gemahlenem ***Kümmel, Muskatnuss,***
Pfeffer und ***Salz*** abschmecken.

Tipp

Zum Pflücken von Brennnesselspinat immer Handschuhe anziehen und nur die jungen Spitzen nehmen. Natürlich können sie auch Blattspinat verwenden, dieser muss aber in wenig Wasser gedämpft werden.

Knusprige Hühnerkeulen mit Orangen-Berg

Pro Person
1–2 ***Hühnerkeulen*** in eine
Auflaufform oder ein tiefes Backblech
legen mit nassem Backpapier abdecken
(dazu das Backpapier unter den Wasserhahn
halten, das weiche Papier mit beiden Händen
ausdrücken und über die Keulen legen.)
und 20–30 Minuten bei 200°C backen.
Aus
1 EL ***Sojasoße,***
1 TL ***Tomatenmark,***
Kurkuma,
1 TL ***Honig,*** 1 TL ***Öl*** und 1 TL ***Kuzu***
eine Marinade zubereiten
und die Keulen damit bepinseln.
Kurz ohne Papier grillen,
bis die Keulen schön knusprig sind.

Orangen-Berg

1 Tasse ***Quinoa*** mit
2 EL gemörsertem ***Sesam*** und
2 Tassen ***Wasser*** aufkochen
und ausquellen lassen.
die Schale von
1 ***unbehandelten Orange*** abreiben,
beiseite stellen, Orange auspressen,
den Saft zum Getreide geben.
Quinoa mit wenig ***Kurkuma,***
einem Stück ***Butter*** sowie
Pfeffer und ***Salz*** würzen.
eine weitere ***Orange*** filettieren
➤ *(siehe untenstehenden Tipp),*
abgeriebene Orangenschalen
unter den Brei heben, mit einem großen
Schöpfer einen „Berg“ formen,
mit den Orangenfilets garnieren.
Dazu passen Zuckerschoten oder Erbsen und
Chinakohl.

Fürs Baby

Etwas Hühnerfleisch von der
Keule lösen und pürieren.
Die Kleinen lieben es, den Knochen
abzunagen bzw. zu -schlabbern.
Die Orangenfilets sehr klein schneiden oder
weglassen.

Tipp

Orangenfilets erhalten sie, indem sie die Orange wie einen Apfel schälen und die Orangenspalten mit einem kleinen, scharfen Messer aus den Zwischenhäuten schneiden.

Grießschmarren

6 EL ***Mehl*** und
6 EL ***Grieß*** mit
200 ml ***(Mineral)wasser*** oder ***Milch***
anrühren und kurz quellen lassen,
1 Msp ***Weinsteinbackpulver*** und
1 Msp ***Kakao*** einrühren
3 ***Eier*** trennen, Schnee schlagen
und kühl stellen,
Eidotter zum Getreide geben,
Zimt und ***Kardamompulver*** dazu geben,
mit einer Prise ***Salz*** würzen,
alles gut vermengen,
den Eischnee unterheben,
in eine beschichtete, heiße Pfanne
etwas ***Butter*** geben, die Schmarrenmasse hineingießen, und von beiden Seiten goldgelb backen oder die Pfanne ca. 10–15 Minuten bei 180°C ins Rohr schieben. Den Schmarren mit zwei Gabeln in Stücke reißen, mit Zucker bestreuen, zu Kompott oder Apfelmus servieren.

Tipp

Probieren sie statt Grieß doch auch einmal gemahlenen Mohn im Schmarren.

Bären-Pudding

1/2 Liter ***Saft*** (Apfel, Kirsche, oder Trauben)
mit einer dicken
unbehandelten! Zitronenschale,
1 ***Zimtstange*** und
2–3 ***Nelken*** aufkochen, Gewürze entfernen,
3 EL ***Maismehl*** mit wenig ***Wasser*** anrühren, in den Saft geben und nochmals aufkochen lassen.
Pudding in Förmchen füllen, kurz überkühlen lasssen, einige ***Gummibärchen*** hineindrücken und erkalten lassen, stürzen und die Bären aus dem Winterschlaf wecken.

Schokopalatschinken mit Rhabarbercreme

Creme
Rhabarber schälen und in Stücke schneiden.
In ***Sirup*** (1 Teil Zucker: 2 Teile Wasser) mit
1 ***Vanilleschote*** aufkochen,
Vanilleschote herausnehmen,
Rhabarber pürieren und auskühlen lassen.
Schlagobers mit ***Vanillezucker*** steifschlagen,
Vanilleschote auskratzen, zum Schlag geben.
Rhabarbermus mit Vanille-Sahne vermengen.

Palatschinken
W Pro Person
6 EL ***Mineralwasser*** mit
H 2 EL ***Mehl,*** vorzugsweise Buchweizen,
F 1 TL ***Kakao- oder Carobpulver*** mischen
und kurz quellen lassen
E 1 ***Ei*** und/oder
1 EL ***Pfeilwurzelmehl,***
ev. ***gemahlene Nüsse*** sowie
M 1 Prise ***Kardamompulver*** unterrühren.
Crêpes in heißem ***Öl*** oder ***Butterschmalz***
ausbacken, mit Creme füllen. Mit Zitronenmelisse oder Gänseblümchen garnieren.

Anmerkung

Natürlich kann man statt des Mineralwassers auch Leitungswasser oder Milch nehmen, aber die Palatschinken gehen nicht so schön auf.

Osterkuchen

E 15 Stück ***Zwieback*** zerdrücken
(geht am leichtesten in einem Küchentuch
mit dem Nudelholz) und beiseite stellen.
5 ***Eier*** trennen, Eischnee schlagen
und kühl stellen, Eigelb mit
250 g ***Zucker*** schaumig rühren,
Zimt dazu geben,
250 g ***Karotten*** schälen und fein reiben,
etwas ausdrücken und mit dem Zwieback
zur Masse geben
250 g ***gemahlene Mandeln***
oder ***Haselnüsse,***
M ***Nelkenpulver,***
W ***Salz,***
H 1 TL ***Backpulver***
F abgeriebene ***Zitronenschalen*** und
1 Msp ***Kakao*** einrühren,
E Eischnee unterheben.
Teig in eine befettete und bemehlte
Tortenform füllen
und 1 h bei 180° backen. Torte ev.
mit ***Schokolade*** überziehen und
mit ***Marzipankarotten*** oder
Häschen verzieren.

Turbo-Gemüsesuppe

M Einen Topf mit einer
halbierten Knoblauchzehe ausreiben,
W pro Person 1/4 Liter ***Wasser*** und
H 1 Spritzer ***Zitronensaft***
F zum Kochen bringen
E ***Karotten, Kohlrabi, Kartoffeln***
in kleine Stücke geschnitten
ca. 10 Minuten weich kochen und pürieren
M mit ***Liebstöckl, Pfeffer*** und
W ***Salz*** würzen
H ***frische Kräuter*** und ***Sprossen*** dazu,
mit einem Schuss ***Olivenöl*** und etwas
Parmesan servieren.

Hirse-Wurzelsuppe

Karotten und ***Pastinake***
in feine Streifen schneiden, mit einer klein
geschnittenen ***Zwiebel*** in
etwas ***Öl*** anbraten,
1/2 Tasse heiß gespülte ***Hirse*** mitrösten,
Liebstöckel und ***Pfeffer*** zum Würzen
dazugeben.
pro Person
1/2 Liter ***Wasser*** oder ***Suppe***
angießen
ca. 30 Minuten köcheln lassen,
fein gehacktes ***Petersiliengrün*** einrühren,
Suppe mit ***Muskatnuss*** und ***Salz***
abschmecken.

Tipp

Man kann auch 1 Tasse vorgekochte Hirse oder 2 handvoll Hirseflocken verwenden, dann verringert sich die Kochzeit um 15–20 Minuten.

Grünschnabel-suppe

(Ab dem 10. Monat)

E 1 ***Zwiebel*** klein schneiden
in 1 EL ***Butter*** glasig anlaufen lassen
1/4 ***Sellerieknolle*** und einige Stangen
Sellerie, in Würfel geschnitten sowie
1 Tasse ***Grünkernschrot*** dazugeben
M mit ***Oregano, Pfeffer, Liebstöckl*** würzen
W ca. 1 Liter ***Wasser*** aufgießen
Salz,
H etwas ***Zitronensaft*** zugeben
F 20 Minuten köcheln lassen
mit ***Paprikapulver*** und
frischen Kräutern (hier eventuell Sauerampfer oder Löwenzahn und natürlich Selleriegrün)
bestreut servieren.

Spargelsuppe mit Fleischknödel

(Ab dem 1. Lebensjahr)

Fleischknödel
300 g ***Rinderfaschiertes***
mit 4–5 EL ***Vollkornbrösel,***
1 ***Ei,***
Senf, Pfeffer, Salz vermengen
und kleine Knöderl formen (ca. 15 Stück).

Suppe
In einem Topf mit
1 EL ***Butter*** und
1 EL ***Mehl*** einen Einmach herstellen mit
Gemüsesuppe aufgießen, (3/4 Liter)
die Knödel hineingeben.
1 Bund ***grünen Spargel*** schälen in 1 cm lange Stücke schneiden, die Spitzen beiseite legen
Spargel zur Suppe geben,
mit 1 Prise ***Zucker, Pfeffer, Salz*** würzen
1 TL fein geschnittene ***Kapern*** dazugeben,
ca. 10 Min köcheln lassen,
Kurz vor Ende der Kochzeit
die Spargelspitzen dazugeben
mit ***frischen Kräutern*** (z.B. Kerbel) und
etwas geriebener ***Muskatnuss*** servieren.

Variante

Fleischknödel in der Suppe mit Tomaten und Karotten statt des Spargels kochen.

Der Sommer bringt Klee

Von Mitte Mai bis Ende Juli
Wandlungsphase FEUER

Jetzt wird's heiß !

„Die drei Monate des Sommers nennt man Entwicklung der Fülle und üppiges Wachstum. Die Energie von Himmel und Erde verbinden sich wohltätig und bringen für die zehntausend Wesen Blüten und Früchte.
Man geht zur Nacht ins Bett und steht zur Dämmerung auf. Man soll sich nicht im Übermaß der Sonne aussetzen und von den Gefühlen keinen Ärger zeigen. Man soll das Beste in sich entwickeln und nach außen zeigen. Man soll jetzt handeln, als ob alles in der Außenwelt zu lieben ist.
All das ist im Einklang mit dem Qi des Sommers. Dies ist der rechte Weg, das Leben wachsen zu lassen. Sich entgegen zu verhalten bedeutet das Herz zu schädigen. Man wird im Herbst wenig zu ernten haben und im Winter ernstlich erkranken."
(Su Wen, Kap. 2)

Wenn wir im Sommer zu viel an die Sonne gehen oder unser Gemüt zu sehr erhitzen, d.h. wenn wir unseren Zorn und Ärger nicht ablegen können, dann schädigen wir unser Herz. Das Herz ist das Yin-Organ des Feuers. Wenn es von Hitze angegriffen wird, dann staut sich die Yang-Energie und kämpft mit dem ansteigenden Yin, was sich z.B. in Schüttelfrost oder Sommergrippe zeigt.
Die Hitze des Sommers verbrennt unsere Körpersäfte.
Um dies auszugleichen, ist es nun besonders wichtig das Yin zu schonen,
d.h. den Körper zu kühlen ohne die Mitte zu schädigen.

Dies gelingt am besten mit

- *Früchten des Sommers, sie erfrischen und bewahren die Säfte: z.B. rote Beeren, Äpfel, Marillen, Tomaten . . .*
- *mit kühlenden Getreidesorten: Gerste, Weizen, Buchweizen*
- *kühlenden – kaltgepressten Ölen,*
- *kühlenden Kräutern als Tees: Pfefferminze, Melisse, Salbei, Lavendel, Wermut, Schafgarbe, Frauenmantel,*
- *Kaltwasserfischen und*
- *Tofu und Sojasprossen*

und mit yin-isierenden Kochmethoden:

- *Kochen mit viel Wasser oder in Milch und Fruchtsäften*
- *Kurz gekochte Suppen oder kalte Suppen*
- *Garen im Wasserbad, dämpfen, blanchieren und*
- *Schmoren im eigenen Saft.*
- *Man sollte die Speisen nicht zu stark würzen, was ja allgemein für die Ernährung von Kindern zu beachten ist.*
- *Im Sommer besonders zu empfehlen sind gekochte Salate aus Sprossen mit Huhn oder Nudeln, oder Taboulé.*

Das Yang befindet sich im Sommer an der Oberfläche des Körpers, und fehlt in der Mitte, deshalb ist es nicht ratsam mit vielen kalten Speisen aber auch Getränken das Verdauungsfeuer zu schädigen.
Speiseeis und eisgekühlte Getränke sollten nicht in rauhen Mengen verzehrt werden.
Aber auch thermisch kalte Nahrung, d.h.
Südfrüchte wie Melonen, Zitronen, Bananen oder erfrischend-kalte Milchprodukte wie Joghurt oder Topfen sowie
Gurken, Tomaten, Salate und
süße Säfte oder Mineralwasser schädigen die empfindlichen Verdauungsorgane vor allem bei Kindern.

Kinder die zuviel Rohkost und Eis bekommen, leiden an einem Yin-Übermaß.
Sie haben zuviel Nässe und Kälte angesammelt und dies macht sie auf Dauer müde, matt, träge. Denn das Qi wird in Feuchtigkeit und Schleim erstickt.

Um die äußere Hitze auszugleichen kann man den Kleinen schon mal einen Obstsalat mit etwas Joghurt anbieten.
Jedoch nach einem Badetag mit Icetea, Eis am Stiel, Wassermelone, Apfel und Gurkenstücken mit Wurst- oder Käsesemmel ist es unbedingt notwendig, dass sie ihrem Kind eine warme, gekochte Sommersuppe zum schlürfen geben, dann hat es sicherlich auch Spaß an der Grillparty bei Freunden.

Grillfleisch ist für Kinder nicht geeignet, da es
1. schwer verdaulich ist und
2. beim Grillen krebserregende Stoffe frei werden. Diese Nitrosamine können durch eine Marinade aus Olivenöl, braunem Zucker, Knoblauch, Senf, Salz, Zitronensaft und Essig reduziert werden.

Dinkelschrot mit gelber Soße

(Ab dem 10. Monat)

1/2 Tasse ***geschroteten Dinkel*** mit
der 6 bis 8-fachen Menge ***Wasser***
unter ständigem Rühren aufkochen
und gar quellen lassen.
Währenddessen
2 ***getrocknete Marillen*** klein schneiden,
1 ***Vanilleschote*** aufschneiden, alles mit
ca. 1/8 L ***Wasser*** aufkochen,
einige (bis zu 1/2 kg) ***frische Marillen***
entkernen, vierteln, zu den Trockenfrüchten
geben, vom Herd nehmen
Vanilleschote ausschaben, und zur Soße geben,
die Soße pürieren, mit Süßholzpulver
abschmecken.

Tipp

Ungeschwefelte Marillen erkennt man daran, dass die Trockenfrüchte dunkelbraun sind und nicht wie behandelte Früchte hell-orange.

Hirse mit rosa Soße

Pro Kind
2 EL ***Hirseflocken*** (20 g) mit
1/4 l ***Wasser*** unter ständigem Rühren
aufkochen,
5–10 Minuten köcheln lassen, in einen tiefen
Teller gießen.
vollreife, gewaschene, geputzte ***Erdbeeren***
(ca.250 g) halbieren und mit einigen Löffeln
Wasser kurz aufkochen.
Banane schälen,
zum Erdbeerkompott schneiden, mit
1 Msp ***Zimt*** und etwas
Ingwersaft würzen und pürieren.
Soße zum Flockenbrei reichen.

Tipp

Sie können das Obstmus mit 1 kg Erdbeeren auch auf Vorrat machen, es hält sich 2–3 Tage im Kühlschrank und kann zur Nachmittagsjause im Wasserbad leicht erwärmt werden. Bananen und kühlende Erdbeeren in größeren Mengen dürfen für Kinder nur gekocht verwendet werden!

Testen sie unbedingt, ob ihr Kind Erdbeeren verträgt, oder ob es mit Rötungen der Haut reagiert, sei es an Po, Rumpf oder anderswo am Körper oder im Gesicht.

Gerstenmüsli

(Ab dem 1. Lebensjahr)

Am Vorabend
1 kl. Tasse ***Gerste*** (ca. 100 g) mit
4–5 ***Roten Datteln, Zimtstange,***
einigen ***Kardamomkapseln*** und
4–5 Tassen ***Wasser*** köcheln lassen,
bis die Gerste weich ist (mind. 1 Stunde)

Am nächsten Morgen

E Die Gerste in eine Schüssel geben,
mit einem klein geschnittenen ***Apfel,***
2 EL eingeweichten ***Rosinen,***
1 EL ***Dicksaft,***
2–4 EL ***Schlagobers***

M wenig frisch geriebenem ***Ingwersaft***
sowie ***Kardamom-, Nelken-*** und ***Zimtpulver***

W einer Prise ***Salz,***

H einem Spritzer ***Zitronensaft***
sowie 1/4 kg ***Kirschen,***
(oder anderem Obst der Saison) halbiert
und entkernt mischen, mit

F etwas ***Kakaopulver*** garnieren.
Für die ganz Kleinen das Müsli pürieren!

Tipp

Gerste mit der 10-fachen Menge Wasser kochen und das „Gerstenwasser" in eine Thermoskanne abseihen, mit Zimt, Ingwersaft, einer Prise Salz, Zitronensaft, Kakaopulver und etwas Dicksaft würzen.
Gerstenwasser leitet übermäßige Feuchtigkeit aus. Hilft auch bei Schleim in Stirn- und Nebenhöhlen und eignet sich hervorragend für Stillende zur Milchbildung.

Variante

Wenn sie mal abends keine Zeit zum Vorkochen haben. Kochen sie morgens pro Person 2–3 handvoll Dinkelflocken in 1/4 l Wasser auf und richten sie das Getreide dann wie beschrieben an.

Pikant

Rührei mit Gomasio

(Ab dem 10. Monat)

Rührei

E ***Eier*** (etwa 2 Stück pro Person)
in eine kleine Schüssel schlagen,
mit 2 EL ***Schlagobers*** (ersatzweise Milch)

M 1 Prise ***Ysop***
Pfeffer

W ***Salz,*** 2–3 EL geriebenen ***Parmesan***

H 1–2 Zweigen fein gehackter ***Petersilie***
verquirlen,
1–2 geschälte ***Tomaten*** in kleine Würfel
schneiden und
zu den Eiern geben.

F eine Pfanne erwärmen,

E 1 EL ***Butter*** schmelzen lassen,
die Eimischung dazu gießen,
die Platte auf kleine Flamme zurückdrehen
und umrühren, bis die Eier fest sind. Nicht
zu heiß werden und nicht zu lange braten
lassen!
Mit Petersilienblättern und Sesamsalz
(Gomasio) garnieren.

Gomasio

10 EL ***Sesamsamen***
(weiße und/oder schwarze) in einer Pfanne
leicht anrösten, auskühlen lassen und
mit 1 EL ***unraffiniertes Stein- oder Meersalz***
in eine Gewürzmühle füllen.

„Sesam öffne dich“

Sesamsamen haben eine harte Schale und müssen deshalb immer aufgebrochen werden. Dies gelingt durch trockenes Rösten oder mahlen bzw. mörsern. Das Rösten verhindert außerdem das rasche Ranzigwerden der Samen.

Vegetarisch

Nudeln mit Linsensugo

F In einen heißen Topf
E etwas ***Öl*** geben,
M ***Zwiebel*** und ***Knoblauch,*** klein gehackt anschwitzen,
Basilikum, Oregano,
W 1 kl. Tasse ***Rote Linsen*** (150 g), gewaschen, 3 Tassen ***Wasser*** und
H 1 Tasse würfelig geschnittene ***Tomaten*** und einige ***getrocknete Tomaten,*** in Streifen geschnitten dazugeben
F mit ***Paprikapulver*** würzen,
E 1 ***Karotte*** und ev. 1 kleine ***Rote Rübe*** dazu reiben, ca. 20 Minuten kochen lassen
M mit ***Pfeffer,***
W ***Salz*** würzen, ev. ***grüne Oliven*** in Scheiben schneiden und dazugeben.

Maisnudeln kochen,
mit dem Sugo und gehackter ***Petersilie***
sowie ***frischem Basilikum*** servieren.

Fürs Baby
Alles pürieren.

Tipp

Das Sugo eignet sich auch hervorragend für Lasagne. Dafür Béchamelsoße *➤ (siehe Fischauflauf, Seite 63)* *zubereiten und mit Nudelblättern in eine Auflaufform schichten.*
Nudeln aus Hartweizen sind für Kleinkinder erst ab dem 1. Lebensjahr geeignet.
Auch im Handel erhältliche Hirse- oder Buchweizennudeln sind oft mit Weizenmehl gemischt zubereitet.

Griechische Reispfanne

F In einer heißen Pfanne oder besser
einem heißen Wok
E 1 kleingeschnittene ***Zwiebel*** in
1 El ***Öl*** anschwitzen,
200 g ***Faschiertes*** und
1 ***grüne oder rote Paprika,***
in Streifen geschnitten sowie eventuell
1 ***Zucchini,*** würfelig geschnitten mitbraten,
M 1–2 ***Knoblauchzehen*** dazu pressen,
mit ***Oregano, Basilikum*** und
W ***Salz*** würzen,
H 3–4 ***Tomaten*** schälen und schneiden,
in die Pfanne geben,
F alles kurz dünsten,
Schafskäse in grobe Würfel schneiden
oder einfach ungeschnitten über das
Gericht bröseln,
mit 1 Msp ***Paprikapulver*** abschmecken.
E ***gekochten Reis*** unterheben,
mit Olivenscheiben servieren.

Tipp

Schneiden sie Gemüse, von dem sie wissen, dass es ihr Kind nicht mag immer größer, damit sie es leichter beiseite legen können.

Variante

Chinesische Reispfanne mit Karotten, Zuckerschoten, Sprossen und Ananas, mit Curry und Sojasoße würzen.

Schnell und vegetarisch

Couscous mit Tofu und Zucchini

(Ab dem 10. Monat)

E 200g ***Tofu*** und
2–3 kleine ***Zucchini*** in Würfel schneiden
in etwas ***Olivenöl*** anbraten,
M ***Ingwersaft*** und ***Oregano*** zugeben,
W mit 1 Tasse ***Suppe*** aufgießen,
H 1/2 Tasse ***Couscous*** (ca. 60 g) zugeben
F kurz aufkochen lassen
mit ***Kurkuma*** und
E 1 EL ***Butter*** servieren

Tipp

Statt Tofu kann man auch Hühnerbrüstchen nehmen.

Geschnetzeltes mit Marillensoße

E 200 g ***Schweinefleisch*** (vorzugsweise Filet), geschnetzelt
kurz scharf anbraten
beiseite stellen, zudecken
1 ***Zwiebel*** klein schneiden und
in ***Öl*** anbraten
M ***Korianderkörner, Senfsamen,*** fein mahlen und dazugeben,
W Salzen,
H 1–2 ***Tomaten*** schälen, klein schneiden und zur Zwiebel geben
F ***Kurkuma,*** ev. gemahlene ***Bockshornkleesamen,***
E 1/4 Liter ***Marillensaft,***
1 handvoll ***Rosinen*** und
4–5 ***Marillen,*** entkernt und geviertelt
in die Soße geben,
Kuzu oder ***Maismehl*** mit kaltem ***Wasser*** anrühren, die Soße damit binden
kurz köcheln lassen,
das Fleisch zugeben,
kurz im Saft ziehen lassen
M mit ***Pfeffer*** und
W ***Salz*** oder ***Sojasoße*** abschmecken
schmeckt köstlich mit Reis

Fürs Baby

Die Soße mit Reis vermischen.
Eventuell das Fleisch pürieren.

Eis-Kakao

(Ab dem 1. Geburtstag)

250 ml ***Milch,*** mit
2 ***Vanilleschoten*** oder Vanillemark aufkochen
4 EL ***Honig*** unterrühren
und auskühlen lassen.
250 ml ***Schlagobers*** mit etwas ***Salz***
steif schlagen und unter die Milch mengen,
in eine Schüssel füllen und für
ca. 20 Minuten ins Tiefkühlfach stellen.
Die Masse mit einer Gabel kräftig aufschlagen
und nochmals 30 Minuten kühlen.
Einen starken ***Kakao*** oder für Erwachsene
Kaffee zubereiten:
Für ein Longdrinkglas je
1 gehäufter TL ***Kakaopulver***
oder Instant-Getreidekaffee,
Zimt- und Kardamompulver mit wenig
heißem Wasser aufgießen, und gut verrühren,
den Rest im Glas mit kaltem Wasser aufgießen
und je 1–2 große Löffel ***Vanilleeiscreme***
dazugeben.

Tipp

Für absolute Eis-Liebhaber:
Tiefgekühlte Speisen wirken sehr verschleimend; Um die Feuchtigkeit etwas aufzutrocknen sollte man zumindest bitter-heiße Zutaten zum Eis geben. Also etwas Kakao oder für Erwachsene Kaffee bzw. einen Schuss Cognac oder Likör übers Eis.

Marillenkuchen

je 1/2 Tasse ***Hirse*** und ***Reis*** mit
Süßholz, Zimtstange und
2 Tassen ***Wasser*** aufkochen und quellen lassen
bis die Flüssigkeit aufgenommen wurde.
Gewürze entfernen. Auskühlen lassen, etwas
Orangen-/Zitronensaft
Prise ***Kakao*** dazugeben,
2–3 ***Eier*** trennen –
Eigelb zum Getreide geben,
Eiweiß zu Schnee schlagen,
3–4 EL beiseite geben
den Eischnee der Masse unterheben.
Alles in eine Auflauf- oder Kuchenform füllen,
mit ***Marillenhälften*** belegen,
restlichen Eischnee mit
1 EL ***Zucker*** und
1 EL ***gemahlenen Mandeln*** verrühren,
auf den Marillen verteilen.
Kuchen bei 200°C ca. 30 Minuten backen.
Warm oder kalt genießen.

ORIGINALE

Tiramisu ohne Ei

Für Kinder
2–3 Tassen ***starken Kakao***
mit ***Zimt*** und ***Kardamom*** zubereiten.

Für Erwachsene
2–3 Tassen ***starken Kaffee***
mit ***Kardamom*** und ***Weinbrand*** oder
Amaretto zubereiten.

1/4 l ***Schlagobers*** schlagen,
1/4 l ***Mascarpone*** mit
abgeriebener Orangenschale und
3 EL ***Honig*** gut abschlagen,
Schlagobers unterheben.
Biskotten (1 Packung, ca. 200 g)
durch die Flüssigkeit ziehen (tirare su)
und in eine Auflaufform schichten.
Die Hälfte der Mascarbonecreme
darauf verteilen, wieder eine Schicht getränkte
Biskoten darauflegen, und
den Rest der Creme darüber glattstreifen,
mit gesiebtem ***Kakao*** bestreuen und mehrere
Stunden im Kühlschrank ziehen lassen.

Tipp

Statt Mascarpone kann man auch (Seiden) Tofu verwenden.

Rote Grütze mit Herz

1/4–1/2 L (roten) ***Traubensaft*** mit
roten Früchten und ***Beeren der Saison,***
z. B: Erdbeeren, Himbeeren, Kirschen,
Brombeeren, Preiselbeeren . . .
Zimt, Süßholzpulver und
etwas ***Vanille*** kurz aufkochen
wenig ***Nelkenpulver***
1/2 TL ***Agar-Agar,*** anrühren, zum Obst geben
und nochmals 2 min köcheln lassen,
auskühlen lassen.

1/4 Liter ***Wasser*** mit
3 EL ***Grieß***
1 Msp ***Kakaopulver***
1 EL ***Zucker,***
1 Msp ***Zimtpulver*** und
1 Prise ***Kardamompulver***
aufkochen, dabei kräftig umrühren,
kurz köcheln lassen, ein Puddingförmchen
mit kaltem Wasser ausspülen, Grießbrei
hineinfüllen, auskühlen lassen.
Pudding stürzen, vierteln,
dann entstehen 4 kleine „Herzen".
Diese mit Zitronenmelisse garnieren
und roter Grütze servieren.
Eventuell mit Dicksaft übergießen.

Tipp

Rote Grütze heiß in Twist-off-Gläser füllen, dann kann man die Beeren auch im Winter genießen.

Grüne Bohnensuppe

Wenn ihr Kind zu lange in der Sonne war, braucht es etwas Abkühlendes und trotzdem die Mitte Stärkendes.

Vorbereitung
1/2 Tasse (ca. 60 g)
Mungobohnen einweichen

Zubereitung
In einem heißen Topf etwas ***Öl*** erhitzen
Koriander und ***Fenchelsamen,***
gemahlen oder gemörsert
leicht anbraten,
eingeweichte Mungobohnen und
1/2 Tasse (ca. 60 g) ***Reis*** mit
reichlich ***Wasser*** zugeben,
mit einem Stück ***Kombu-Alge*** weich kochen
(ca. 30 Minuten),
Mangold oder ***Spinat*** fein schneiden,
zur Suppe geben,
mit ***Pfeffer, Salz, Zitronensaft, Sesammus***
abschmecken

Falsche Muschelsuppe

F Topf erhitzen
E ***Öl*** hineingeben,
klein geschnittenes ***Gemüse:***
z.B. Karotten, Zucchini oder Sellerie und
M 1 Stück ***Ingwer,*** fein gerieben anbraten
W pro Person mit 1/4 l ***Wasser*** aufgießen
H 2 ***geschälte Tomaten,***
klein würfelig geschnitten dazugeben
F ca. 5 Minuten köcheln lassen
E ***Erbsen*** und
1 handvoll ***Muschelnudeln*** weitere
5 Minuten mitkochen, mit
M ***Liebstöckel, Pfeffer*** und ***Muskatnuss***
abschmecken
W je nach Geschmack etwas ***Suppenwürze***
oder 1 Löffel ***Pesto*** verwenden.

Fürs Baby
Die Nudeln durch gekochten Reis ersetzen und die Suppe pürieren.

Geht sehr schnell

Zucchinisuppe

F In einem heißen Topf
E eine klein geschnittene ***Zwiebel*** mit
würfelig geschnittenen
Zucchini anschwitzen
M mit ***Oregano, Liebstöckl, Pfeffer,***
W ***Salz*** würzen,
Wasser oder ***Suppe*** angießen
und 5–10 Minuten kochen lassen
die weichen Zucchini pürieren.
Die Suppe mit ***Salz,***
H einem Spritzer ***Zitronensaft*** und
F ***Paprikapulver*** abschmecken,
E eventuell mit 1 EL ***Schlagobers***
oder ***Olivenöl*** servieren.

Tipp

Wenn ihre Kinder keine „grüne“ Suppe wollen, braten sie einige getrocknete, eingelegte Tomatenstücke mit an. Beim Pürieren wird die Suppe dann rot-braun.

Champignoncreme-suppe mit Tofu

Marinierter Tofu

Tofu in Würfel schneiden
und ca. 1/2 Stunde in einer Marinade aus:
M 1 gepressten ***Knoblauchzehe, Ingwersaft,***
W ***Salz,*** 2 EL ***Sojasoße,*** etwas ***Wasser***
H je 1 TL ***Zitronensaft*** und ***Essig***
F ***Paprikapulver***
E 1 EL ***Olivenöl*** marinieren.

Knoblauch-Croûtons

1 Scheibe ***Schwarzbrot*** mit ***Knoblauch*** abreiben, toasten und in kleine Würfel schneiden.

Suppe

F In einem heißen Topf
E eine klein geschnittene ***Zwiebel,***
geputzte, geschnittene ***Champignons*** in
1 EL ***Butter*** anschwitzen mit
1 EL ***Mehl*** stauben, einbrennen lassen,
kurz vom Herd nehmen
etwas ***Schlagobers*** angießen
M mit ***Oregano*** und ***Pfeffer*** würzen,
W ***Suppe*** angießen und 10 Minuten kochen lassen. Die Hälfte der Suppe pürieren. Marinierte Tofustücke anbraten oder kurz mitkochen und mit Knoblauch-Croûtons servieren. Bei Tisch salzen.

Fürs Baby

Die Croûtons weglassen und alles pürieren.

Der Herbst, der bringt Trauben

Von Mitte August bis Ende Oktober
Wandlungsphase METALL

Herbst, die Zeit des Sammelns der Früchte des Sommers, aber auch des Loslassens von der Pracht und Wärme.
Die Farben verblassen, **weiß** ist die Farbe des Metall-Elements.
Eine blasse, weiße Gesichtsfarbe deutet auf einen Qi und Blut Mangel und ein Ungleichgewicht im Funktionskreis der Lunge, dem Yin-Organ des Metalls hin.
Kinder lieben es zu sammeln, seien es Blätter, Kastanien, Eicheln oder Pilze.
Machen sie viele Wanderungen – ins Gebirge, das bringt sie dem Metall-Element näher und stärkt die Lungen.
Wir sollten auch Abwehrkräfte sammeln, damit für den Winter genügend Schutzkraft vorhanden ist. ➤ *Siehe dazu auch das Kapitel Abwehrenergie, Seite 122.*
Die Nahrung wechselt von sommerlich kühlender zu schützender Herbstnahrung, die thermisch warm bis neutral sein sollte.
Der **scharfe** Geschmack wird dem Metallelement zugeordnet. Scharfes Gemüse wie Rettich, oder Radieschen steigert die Abwehr und reinigt Nase und Nebenhöhlen.

Es sollten aber nicht zu viele scharfe Lebensmittel gegessen werden, denn
die Lunge liebt den sauren Geschmack und hasst Trockenheit.
Schützen sie die Lungen ihrer Kinder vor Trockenheit:
Klimaanlagen, Autoheizungen oder überheizte Räume aber auch starker Zigarettenkonsum sowie austrocknende, zu salzige oder zu scharfe Nahrung schwächen die Abwehr und machen Haut und Haare trocken und spröde.

- *Lassen sie ihre Kinder nicht unter ihrer Zigaretten – Sucht mitleiden.*
- *Gehen sie täglich mindestens 1 Stunde an die frische Luft.*
- *Lüften sie die Wohnung regelmäßig und stellen sie Zimmerbrunnen zur Befeuchtung auf.*
- *Kochen sie viel Birnenkompott mit Rosinen und Zitronensaft.*

Im Herbst sollten viele Kraftsuppen gegessen werden, die man aus Huhn oder Lamm kocht und denen man frischen Ingwer, ev. Ginsengwurzeln und rote Bocksdornfrüchte zugibt.

Lotus
TEA

Reisbrei mit Trauben

1/2 Tasse (ca. 80 g) ***geschroteten Reis*** mit der
6-fachen Menge ***Wasser*** (1/2 Liter) und
3 ***Kardamomkapseln*** unter ständigem Rühren
ca. 10 Minuten köcheln lassen, zugedeckt noch
5 Minuten quellen lassen.
Kardamom entfernen
Trauben vierteln, ev. vorhandene Kerne
entfernen und unter den warmen
Reis mischen.

Fürs Baby
Die Trauben pürieren.

Polenta mit Apfel-Kürbismus

Pro Person
1/4 Liter ***Wasser*** mit
3 EL ***Maisgrieß*** und
1 ***Zimtstange*** unter ständigem Rühren
aufkochen lassen.
ev. 1 ***Eigelb*** oder
1 EL ***Mandelmus*** unterziehen
Zugedeckt 5 Minuten quellen lassen.
Währenddessen
1 ***Apfel*** und
ein Stück ***Kürbis*** (ca. 100 g) schälen,
entkernen und klein schneiden
in etwas Wasser weichdünsten und pürieren.

Porridge mit Mohn und Birnen

(Ab dem 10. Monat)
Der Fitmacher in der Erkältungszeit!

Am Vorabend
Pro Person
2 handvoll ***Haferflocken*** in reichlich
Wasser einweichen.
(ca. 30 g Flocken und 150 ml Wasser)

Morgens
Haferflocken
mit 1 Prise ***Salz,***
einem Spritzer ***Zitronensaft,***
1 EL gemahlenen ***Mohn,***
1 Msp ***Galgant*** (ersatzweise Zimt- und eine Prise Ingwerpulver) aufkochen und
ca. 15 Minuten köcheln lassen,
öfters umrühren, gegebenenfalls
Wasser nachgießen.
2–3 ***Birnen*** schälen und fein reiben.
Haferbrei mit 1 EL ***Schlagobers*** vermengen,
mit ***Birnenmus*** und fürs Auge einigen ***Preiselbeeren*** servieren.

Variante

Kokosmüsli
Haferflocken mit
1 EL ***Kokosette, Kardamom*** und
einigen klein geschnittenen
Datteln aufkochen.

Tipp

Hafer nicht am Abend geben, denn er macht auch müde Kinder wieder munter!

Pikant

Würstelpfanne mit Kürbisbrot

(Ab dem 1. Lebensjahr)
Würstchen in einer beschichteten, heißen Pfanne leicht anbraten, ***Cherrytomaten*** halbieren mit der Schnittfläche in die Pfanne legen und ebenfalls kurz mitbraten mit etwas ***Ysop*** und ***Pfeffer*** würzen, mit einer Scheibe Kürbisbrot reichen.

Tipp

Versuchen sie doch mal Tofu- oder Seitan-Würstchen!

Kürbisbrot

ca. 500 g ***Kürbiswürfel*** in 10 EL ***Wasser*** (ca. 60 ml) weichkochen, pürieren und etwas abkühlen lassen. 500 g ***Mehl*** in eine Schüssel geben (am besten eignet sich eine Germteigschüssel mit Deckel), in der Mitte eine Mulde machen und 1 ***Hefewürfel*** mit 1 TL ***Zucker*** in 5 EL ***lauwarmem Wasser*** oder Milch auflösen, etwas Mehl dazu rühren, zugedeckt, 10 Minuten an einem warmen Ort gehen lassen. ***Kürbismus, Anispulver,*** gemahlene ***Fenchelsamen*** und mind. 1 EL ***Salz*** zum Vorteig geben und kräftig verkneten. An einem warmen Ort ca. 30 Minuten gehen lassen, bis sich das Volumen in etwa verdoppelt hat. Teig in eine gefettete Kastenform geben. Mit ***Milch oder Wasser*** bestreichen, mit ***Kürbiskernen oder Sesam-*** bzw. Leinsamen bestreuen noch mal 20 Minuten gehen lassen. Im vorgeheizten Backofen (200°C) auf der mittleren Schiene 30 Minuten backen, Temperatur auf 150°C zurückdrehen und das Kürbisbrot weitere 30 Minuten backen. Während des Backens ein Gefäß mit Wasser mit auf den Rost stellen.

oder

500 g ***Mehl,*** fein vermahlen in eine Schüssel geben (am besten eignet sich eine Germteigschüssel mit Deckel), in der Mitte eine Mulde machen und 1 ***Hefewürfel*** mit 1 TL ***Zucker*** in 5 EL ***lauwarmem Wasser*** auflösen, etwa die Hälfte des Mehls dazu rühren, zugedeckt, 20 Minuten an einem warmen Ort gehen lassen.

Inzwischen 1/4 ***Hokkaido-Kürbis*** (ca. 200 g) schälen und grob raspeln. 1 ***Apfel*** grob raspeln. Kürbis, Apfel, ev. 2–3 EL ***Kürbiskerne,*** 1/4 l ***Buttermilch,*** 1 Msp ***Nelkenpulver,*** 1 gestrichener TL ***Salz*** und 2 EL ***Zitronensaft*** zum Vorteig geben. Den Teig kräftig (etwa 5 Minuten) durchkneten. Anschließend 30 Minuten gehen lassen. Den Teig entweder zu einem Laib formen oder in eine gefettete Kastenform füllen. Mit einem nassen Löffel glatt streichen, ev. mit ***Sesam, Leinsamen,*** Kürbiskernen . . . bestreuen. Nochmals 20 Minuten gehen lassen. Das Kürbisbrot auf der untersten Leiste in den kalten Backofen schieben, und bei 210 Grad ca. 50–60 Minuten backen, die ersten 15–20 Minuten einen Kochlöffel in die Herdklappe stecken und das Brot bei leicht geöffneten Ofen nochmals gehen lassen. Während des Backens ein Gefäß mit Wasser mit auf den Rost stellen.

Da jeder Ofen unterschiedlich bäckt, sollte man sich an die richtige Backdauer herantasten. Das Brot ist durchgebacken, wenn es beim Draufklopfen hohl klingt.

Vegetarisch

Reisstrudel mit Kürbisgemüse

E 1 Tasse ***ungeschälten Reis*** in der doppelten
Menge ***Wasser*** weich kochen
Jungzwiebeln, in Ringe geschnitten
in 1 EL ***Butter*** anschwitzen
mit 1 EL ***Mehl*** stauben,
Mehl kurz einbrennen lassen
Topf für ca. 1 min von der Flamme nehmen
mit ca. 1/8 l ***Milch*** und

M 1/16 l ***Sake*** (ersatzweise Weißwein)
aufgießen
mit ***Pfeffer, Koriander, Cumin*** und etwas
Ingwersaft würzen
alles dick einkochen lassen
den Reis zugeben.

W ***Salzen,***
Reismasse überkühlen lassen, mit

H 125 g ***Crème fraîche*** oder Sauerrahm

F ***Ysop***

E 3–5 EL (ca. 30 g) ***geröstete Walnüsse,***
gehackt oder fein gemahlen und

M 1 ***Knoblauchzehe,*** gepresst vermengen,
ausgekühlte Masse in ***Strudelblätter***
➤ *(Zubereitung siehe Süßes/Herbst, Seite 113)* füllen, mit ***Öl*** bestreichen
und bei 180°C ca. 20 min backen.

Kürbisgemüse

E 2–3 ***Frühlingszwiebeln,*** klein geschnitten
in ***Öl*** anbraten
1/2 kg ***Kürbis*** (Muskat, Hokkaido
oder Butternuss)
in Stücke schneiden und mit

M ***Koriander,***
Senfsamen und
kleingeschnittenem, ***frischen Ingwer***
andünsten

W je nach Bedarf etwas ***Wasser*** angießen

H ***Zitronensaft,***

F ***Kurkuma,***

E 1 ***Apfel,*** in Stücke geschnitten
3 ***Datteln*** oder 1 EL Rosinen,
klein geschnitten und
ev. einige Kürbiskerne dazugeben,
weitere 5–10 Minuten dünsten

M mit ***Kreuzkümmel, Pfeffer*** und

W ***Salz*** abschmecken

Kinderleicht

Kürbisauflauf

E Ca. 700 g ***Kürbisfleisch*** grob reiben
mit 300 g ***Rinderfaschiertem,***
5–6 El ***Vollkornbröseln*** (je nach verwendeter Kürbissorte: Hokkaido und Butternuss sind nicht so saftig wie z.B. Muskatkürbisse)
1 ***Ei,***
M ***Pfeffer, Thymian*** und
1 ***zerdrückten Knoblauchzehe*** vermischen,
W ***kräftig salzen***
H ***gehackte Petersilie*** untermengen und
F in eine Auflaufform geben, bei 180° C ca. 35 Minuten backen, 10 min rasten lassen, mit ***Kartoffelsalat*** servieren.

Kartoffelsalat
5–6 ***Kartoffeln*** in ***Kümmelwasser*** ca. 20 Minuten weichkochen, schälen und in Scheiben schneiden. Mit kaltem Wasser abspülen (dann kleben die Scheiben nicht zusammen) und in eine Schüssel geben.

Tofunaise zubereiten
200g (Seiden) ***Tofu*** mit
1 TL ***Honig***, 2 EL ***Olivenöl,***
1 TL ***Senf,*** etwas
gemahlenen Senfkörnern, Pfeffer, Salz,
2 EL ***Essig*** oder Zitronensaft,
1 Msp ***Paprikapulver*** ganz fein pürieren
(je nach Festigkeit des Tofus noch etwas Flüssigkeit hinzugeben). Die Tofunaise über die Kartoffeln gießen, abschmecken und auf ***Vogerlsalat*** anrichten.

Vegetarisch und kinderleicht

Gemüsefladen

indische Bhajais
(Für ca. 9 Fladen)
1–2 ***Karotten,***
1 ***Süßkartoffel,***
1 Stück ***Kürbis*** (ca. 150 g einer Butternuss oder eines Hokkaido) fein reiben,
1 ***Zwiebel*** und 1/2 Bund ***Koriander,*** ersatzweise Petersilie hacken.

Teig
à 75 g ***Kichererbsenmehl*** und ***Mehl*** mit
Senfsamen, Cumin, Koriander, Pfeffer,
250 ml ***Wasser*** und ***Salz*** glattrühren
Gemüse mit Teig vermengen,
Öl in eine heiße Pfanne geben und dünne Fladen knusprig ausbacken.
Dazu passt ***Sauerrahm,*** den man mit ***Tomatenmus*** oder ***Ketchup*** sowie ***Senfsamen*** und ***frischen Kräutern*** vermischt.

Szegedinerlaibchen mit Paprikapolenta

500 ml ***Wasser*** mit ***Salz, Zitronensaft, Kurkuma, Paprikapulver*** und 6 EL ***Maisgrieß*** aufkochen und quellen lassen.

Laibchen
150 g ***Sauerkraut*** gut ausdrücken und fein schneiden mit fein gehackter ***Petersilie,***
200 g ***Rinderfaschiertem,***
2 TL ***Paprikapulver***
1 ***Ei,***
3–4 EL ***Brösel***
Pfeffer, Kümmel, Majoran und
Salz gut vermengen,
Laibchen formen und in ***Öl*** braten.

Je 1 ***rote*** und ***grüne Paprika*** schälen,
in kleine Würfel schneiden, in ***Butter*** anbraten,
Polenta dazugeben und mitbraten,
mit den Laibchen servieren.

Tipp

Man kann die Paprika statt zu schälen auch häuten: Dazu die Paprika kurz in kochendem Wasser kochen (= Blanchieren), kalt abschrecken und die Schale abschaben. Profis wählen eine etwas stinkendere Variante: Sie legen dazu die halbierten und entkernten Schoten mit der Öffnung auf einen Rost oder ein Backblech und lassen sie einige Minuten unter dem Grill rösten bis die Haut schwarze Blasen wirft. Danach das Blech aus dem Ofen nehmen und die Paprika mit einem feuchten Tuch bedecken oder in einen Plastiksack legen. Nach 5 Minuten die Paprikahälften häuten schneiden und zur gebratenen Polenta in die Pfanne geben.

Winnie the Pooh

Zwetschken-Mohnauflauf

H Ca. 1/2 kg ***Zwetschken*** (oder Pflaumen)
waschen, halbieren, entkernen
E 150 g ***Butter*** mit
100 g ***Vollrohrzucker***
Vanillezucker und ***Zimt*** schaumig rühren
nach und nach 4 ***Eidotter*** einrühren
Eiklar zu Schnee schlagen, mit
M ***Kardamom, Nelkenpulver***
W Prise ***Salz***
H Spritzer ***Zitronensaft,***
F 100 g ***Mohn*** und
E 100 g ***geriebenen Mandeln***
unter die Dottermasse heben,
Zwei Drittel des Teiges in eine befettete,
bemehlte Auflaufform füllen
mit den Zwetschken belegen,
restlichen Teig darüber streichen
bei 180°C, 35–40 min backen,
warm oder kalt servieren.

Variante

Den Teig – statt der Mandeln mit Dinkelmehl vermengen – auf ein Blech streichen und mit 700 g Zwetschken belegen.

Kokosmilchreis

F In einer heißen Pfanne
E 200 g (1 Kaffeebecher) ***Reis*** trocken rösten,
2 EL fein ***gehackte Pistazien*** mitrösten
mit 2 Tassen ***Kokosmilch*** aufgießen,
1 handvoll ***Rosinen*** dazugeben,
1 ***Vanilleschote*** aufschneiden
und mitkochen
M 2–3 ***Kardamomkapseln,***
W 1 Tasse ***Wasser*** mit
etwas ***Salz*** und
H einen Spritzer ***Zitronensaft*** dazugeben,
F alles ca. 15 Minuten köcheln lassen,
Gewürze entfernen,
Vanilleschote auskratzen und zum
Milchreis geben.
Aus dem Reis eventuell mit
2 Esslöffeln oder einem Eisportionierer
Knödel formen.
Mit gedünsteten Apfelspalten servieren.
Diese schmecken besonders gut,
wenn man sie mit Zimt in etwas
Ananassaft dünstet.

Apfelkuchen

In 1/2 l ***Milch*** oder ***Wasser***
8–10 EL ***Maisgrieß*** einrühren,
je 1–2 EL ***Butter*** und eventuell ***Zucker,***
1 Prise ***Kardamompulver,***
Salz und
1 Spritzer ***Zitronensaft*** dazu geben,
alles aufkochen und kurz quellen lassen,
ev. 1 Ei(gelb) unterrühren.
Grieß in eine Kuchen- oder Auflaufform gießen, mit einem Gemisch aus
2–3 ***grob geriebenen Äpfeln,***
eingeweichten ***Rosinen*** und ***Zimt*** belegen,
bei 180°C ca. 30 Minuten backen – warm oder kalt servieren.

Anmerkung

Dies ist die süße Variante einer Baby-Pizza, für die man den Polenta natürlich ohne Zucker aufkocht. Als Belag gibt man ein Gemisch aus Tomatenmus, frischem Basilikum, geriebenen Karotten und Zucchini, Oregano und Parmesan oder anderen Käse darauf.

Strudeltorte mit Vanillesoße

Selbstgemachter Strudelteig
schmeckt einfach besser:
150 g ***Mehl*** mit ca.
100 ml ***lauwarmer Milch*** oder Wasser,
1 ***Ei,***
1 EL ***Öl*** und
1 Prise ***Salz*** zu einem geschmeidigen Teig kneten. Zu einer Kugel formen, mit ***Öl*** bestreichen, in Frischhaltefolie wickeln und 1/2 Stunde rasten lassen (nicht im Kühlschrank).
Danach auf ein bemehltes Geschirrtuch legen und ausrollen, mit den Handrücken unter den Teig fahren und diesen vorsichtig ausziehen (ca. 60 x 60 cm). Der Teig darf nicht reißen.
Eine Tortenform (Ø 20 cm) mit Backpapier auslegen oder mit ***Butter*** ausfetten.
Den fertig ausgezogenen Strudelteig mit zerlassener ***Butter*** bestreichen, in die Tortenform legen, mit ***gemahlenen Mandeln*** oder Nüssen bestreuen, ***gehobelte Äpfeln, Birnen, Kürbis,*** auch ***halbierte Trauben,*** oder ***Zwetschken*** auf dem Teig verteilen. Die Ränder „schlampig" einschlagen. Mit weicher ***Butter*** oder Schlagobers bestreichen und bei 200°C ca. 30 Minuten backen.
Vor dem Anschneiden ca. 10 Minuten rasten lassen.

Für die Vanillesoße
1/2 l ***Milch*** mit einer ***Vanilleschote*** aufkochen,
2–3 EL ***Maisstärke*** mit etwas ***Wasser*** und
2–3 EL ***Vanillezucker*** glattrühren und in die Milch gießen, nochmals aufkochen, Vanilleschote auskratzen, das Mark mit ***Zimt, Kardamom*** und wenig ***Salz*** zur Soße geben.

Schnell

Kartoffelsuppe

F In einen heißen Topf
E etwas ***Öl*** geben
M 1/2 Stange ***Lauch*** oder einige Frühlingszwieberl,
in feine Ringe geschnitten anschwitzen,
E 3–4 ***Kartoffeln*** in Würfel geschnitten und
M ***Kreuzkümmel, Pfeffer*** und ***Koriander*** zugeben,
W mit ca. 3/4 l ***Suppe*** oder Wasser aufgießen, ***salzen***
H 1/2 ***säuerlichen Apfel***
in Würfel geschnitten dazugeben
F 15 Minuten kochen und danach die Suppe pürieren.
Die zweite Apfelhälfte klein schneiden und in der Suppe mit
1 Löffel ***Sauerrahm*** servieren.

Tipp

Schmeckt besonders gut, wenn man einige Shrimps oder Selchfleisch-Würfel dazugibt.

Shrimps oder Garnelen sind besonders zu empfehlen, wenn ihr Kind Würmer hat. Sie sind jedoch nicht geeignet, wenn man an (blutigen) Hautausschlägen leidet.

Hühnersuppe mit Kokosmilch

W 3–5 Liter ***Wasser*** mit
H reichlich ***Petersilie***
F aufkochen,
H 1 ***Huhn*** hineinlegen
F nochmals aufkochen lassen
Schaum abschöpfen, einige
Bocksdornkleesamen ins Wasser geben
E 2–3 ***Karotten***
1 Scheibe ***Sellerie*** und/oder
2–3 ***Stangensellerie***
1 handvoll ***Erdnüsse,*** einige ***rote Datteln, Bocksdornfrüchten,***
ev. 1 ***Ginsengwurzel***
M eine halbe ***Zwiebel*** oder ein Stück ***Lauch,***
ein Stück ***Ingwer***
W ca. 5 ***Lotussamen*** dazugeben und
eine knappe Stunde köcheln lassen.
Das Huhn herausnehmen,
das Fleisch von Brüstchen und Keulen
ablösen und beiseite legen.

Pro Person 1–2 Schöpfer Suppe entnehmen, durch ein Sieb in einen kleinen Topf gießen und mit 1/2 l ***Kokosmilch*** aufkochen.
Je nach Lust und Laune kann man die Karkasse (das Knochengerüst) wieder in die restliche Suppe legen, mit Wasser aufgießen und mehrere Stunden weiter kochen lassen, die Einlage danach wegwerfen und die Suppe kühlstellen. Sie hält sich mehrere Tage und kann hervorragend zum Aufgießen verwendet werden.

Das Hühnerfleisch in kleine Stücke schneiden und in Suppenschüsseln geben, Kokossuppe mit Salz oder Sojasoße abschmecken, mit frischen Kräutern servieren. Dazu passen Reisnudeln.

Fürs Baby
Die Kokossuppe ins Fläschchen füllen, ev. etwas püriertes Fleisch dazugeben.

Tipp

Diese Kraftsuppe ist lange gekocht besonders für Frauen im Wochenbett und während der Stillzeit zu empfehlen

Schnell

Wilderer-Topf

F In einen heißen Topf
E etwas ***Öl*** geben und
Kaninchen-, Reh- oder ***Hirschfleisch***
Pilze, z.B. Champignons, Steinpilze,
Eierschwammerl, Shiitake . . .
und ***geschnittene Zwiebeln*** anbraten
M ***Wacholderbeeren, Lorbeerblatt,***
Senfkörner zugeben, mit
W ***Wasser*** angießen und
je nach Größe der Fleischstücke
ca. 30 Minuten köcheln lassen.
H 1 Spritzer ***Essig*** und/oder
1–2 ***kleingeschnittene Essiggurken***
zugeben und mit
Parmesanknödeln servieren.

H 3 EL (50g) ***Grieß***
F in 125 ml ***kochende Milch***
einrühren, vom Herd nehmen,
1 EL ***Butter*** dazugeben,
der überkühlten Masse
2–3 EL ***Brösel,***
1 ***Ei***
M ***geriebene Muskatnuss, Pfeffer*** und
W ***Salz*** sowie
40 g ***geriebenen Parmesan*** unterheben,
mit 2 Löffeln Knödel formen, diese
in kochendes ***Salzwasser*** legen und
5 Minuten ziehen lassen.
Dazu schmeckt marinierte
Karotten-Apfelrohkost.

Kürbis-Karottensuppe

F In heißem ***Wasser***
E ***Kürbis- und Karottenstücke*** ca.
10 Minuten weich kochen und pürieren.
M mit ***Pfeffer, Koriander,***
frischem Ingwersaft und
W ***Salz***
H einem ***Schuss Orangensaft,***
F einer Prise ***Kurkuma***
oder ***Paprikapulver*** würzen
E mit etwas ***Kürbiskernöl***
M ***geriebener Muskatnuss*** und
W ***Sojasoße*** servieren.

Tipp

Um einen noch wärmendere Wirkung des Gerichts zu erzielen kann man die Kürbis- und Karottenstücke mit einer kleingeschnittenen Zwiebel in etwas Fett anbraten und danach erst aufgießen.

Der Winter bringt Schnee

Von Mitte November bis Ende Jänner
Wandlungsphase Wasser

Winter bedeutet weniger Licht und mehr Ruhe. Schnee, Eis und Kälte sind die Boten des Wasser Elements.

„Man soll mit seinen Aktivitäten auf das Tageslicht warten, die Kälte meiden, die Wärme suchen aber keine schweißtreibenden Tätigkeiten ausüben, um die Essenzen und das Qi zu schützen.
Wer dem entgegen läuft, wird seine Nieren schädigen und im Frühling Kraftlosigkeit und Erschöpfung erleben.“ Su Wen

Früher bedeutete Winter tatsächlich weniger Licht und mehr Ruhe. Die Menschen versammelten sich ums Feuer und nahmen sich Zeit zum Musizieren, Singen und Sinnieren.
Es war eine Zeit in der man seine Aktivitäten einschränkte und von den Vorräten lebte.

Heutzutage hetzen wir nach einem anstrengenden Tag in die überheizte Wohnung, essen und trinken meist zu viel oder unternehmen gar Auslandsreisen, um dem kalten Winter zu entfliehen.

Gegen Abwehrschwäche, Schlafstörungen, Depressionen und Angstzustände nehmen wir Medikamente oder Nahrungsergänzungsmittel. So haben wir uns vom natürlichen Rhythmus entfernt und vergeuden eher unsere Essenzen als sie zu schützen.

Wie können wir nun als Köche den Körper vor Kälte schützen und den Nieren ausreichend Energie zuführen ?
Vor Kälte schützen wir uns durch wärmende, kräftige Winternahrung und

yang-isierendes Kochen:

- Anbraten, flambieren, toasten, rösten, Kochen im Wok (schnell und heiß) und in anderem schweren Kochgeschirr aus Gusseisen oder Steingut, ohne Deckel, damit die Feuchtigkeit verdampfen kann,
- kochen mit Alkohol,
- lang gekochte Suppen,
- Getreide vor dem Kochen trocken rösten

Die Nieren stärken wir durch langgekochte Eintöpfe und Kraftsuppen aus Hülsenfrüchten und Fleisch mit Algen und frischem Ingwer.

Gegen Ende der Kochzeit gibt man frisches Gemüse oder Sprossen dazu.
Die Farbe des Wassers ist ***schwarz.***
Kastanien, Saubohnen, schwarze Sojabohne, Kürbiskerne und Nüsse sind die Früchte des Winters.
Karpfensuppe oder Fisch im Salzmantel, stärken das Yin und stehen als besondere Köstlichkeit oft zu den Weihnachtsfeiertagen auf dem Speiseplan.
Der bitter-süße Geschmack sollte im Winter bevorzugt werden. Denken sie an ein saftiges Gulasch, an Kasha (gerösteter Buchweizen mit Kraut), die russische Rüben-Krautsuppe Borschtsch oder einfach an Glühwein mit Keksen.

Winterzeit ist Schnupfenzeit

■ Abwehrenergie

Infektanfälligkeit, häufige Erkältungen, Mandelentzündungen, Erkrankungen der oberen Atemwege aber auch Allergien sind auf einen Mangel an WEI-QI (Abwehr-Energie) zurückzuführen.
Die Produktion von Wei-Qi ist abhängig von einer guten Darm- und Nierenfunktion. Die Abwehrenergie wird von der Lunge an die Haut verteilt, wo sie die Poren kontrolliert. Die Lunge gilt in der TCM als zartes Organ und kann daher leicht von Krankheitserreger angegriffen werden. Um das Wei-Qi zu stärken muss man in erster Linie den Mittleren Erwärmer und das Nieren-Yang stärken.
Zur Vorbeugung von Erkältungskrankheiten ist es wichtig den Körper nicht nur durch warme Kleidung zu schützen, sondern ihm mit Hilfe von Speisen und Getränken genügend Wärme zuzuführen.
Jedoch darf der Körper nicht zum Schwitzen gebracht werden, denn dabei öffnen sich die Poren und es können zum einen Krankheitserreger leichter über die Haut eindringen, zum anderen verliert man mit dem Schweiß wertvolles Qi.
Also, wenn sie an einem Wei-Qi-Mangel leiden, d.h. bei jedem Niesen in ihrer Umgebung sicherlich die nächsten Tage ausfallen, hören sie nicht auf den guten Rat von Freunden und Bekannten und gehen sie nicht in die Sauna oder zum täglichen Joggen oder Langlaufen.
Vor allen Dingen achten sie darauf, dass ihre Kinder sich draußen im Kalten nicht verausgaben und dass sie anfällige Kinder nicht abends baden. Denn am Abend zieht sich das Wei-Qi, wie jede Yang-Energie ins Körperinnere zurück. Das warme Badewasser öffnet unsere Poren und wir werden anfälliger für Angriffe von außen.

Speisen und Getränke zur Abwehrsteigerung sind z. B.: eine ***Hühnerkraftsuppe*** mit Ginseng und Tragant gekocht, ein ***heißer Kakao*** mit etwas getrocknetem Ingwer und Zimt, eine

Zwiebelsuppe, für die man die Zwiebeln mit unraffiniertem braunen Zucker anbrät sowie ein ***Haferbrei*** oder ***Gewürzkekse.***
Wichtig ist jedoch, dass diese Speisen nur zur Vorbeugung gegessen werden dürfen!

Ist man bereits erkältet, darf man das Wei-Qi auf keinen Fall tonisieren, denn dann würde der eingedrungene Krankheitserreger im Körper eingesperrt und das soll ja tunlichst verhindert werden.

Gerstemout stroop
Sirop de malt d'orge

Buchweizen-Grütze

(Ab dem 10. Monat)

1 Tasse ***Buchweizen*** in reichlich
Wasser aufkochen
und 10 Minuten köcheln lassen,
Vorsicht: schäumt stark und kocht leicht über!
Buchweizen abseihen
wieder in einen Topf geben,
1 EL ***Carob- oder Kakaopulver*** dazugeben,
Buchweizen mit ***Schlagobers*** oder ***Milch***
bedecken und nochmals ca. 10 Minuten bei
schwacher Hitze garen, ev. pürieren.

Buchweizen mit ***Roter Grütze*** (hoffentlich im
Sommer genügend eingekocht!) oder
Kirschkompott und ***Schlagobers*** servieren,
mit ***Zimtpulver*** und ***gemahlenen Haselnüssen***
bestreuen.

Süßkartoffel-Congee

(Ab dem 10. Monat)

1 Tasse ***Süßreis*** und
11 Tassen ***Wasser*** mit
250g ***Süßkartoffeln,***
1 ***Karotte,***
1 ***Apfel,***
2–3 ***roten Datteln*** und ***Longan,***
einigen ***Lotussamen***
7–8 Stunden, am besten über Nacht
köcheln lassen
abschmecken mit ***Gerstenmalz,***
1 TL ***Butter*** oder einigen Tropfen ***Öl,***
1 Prise ***Salz*** und etwas ***Zitronensaft.***

Tipp

Süßreis nicht bei
Verstopfung verwenden!

Pikant

Hühner-Grießsuppe

Am Vorabend
eine ***Hühnersuppe*** zustellen
und am besten über Nacht köcheln lassen.
➤ *Siehe Suppen Grundrezepte, Seite 47*
oder Herbst/Hühnersuppe, Seite 117.

Morgens
1 l ***Suppe*** mit
1 ***Karotte*** und 1/2 ***Fenchelknolle***
klein gewürfelt und
3–4 EL ***Grieß*** einkochen,
ev. mit Petersilie garnieren.

Maronireissuppe mit Apfelkompott

E Ca. 120 g ***geschälte Maroni***
(oder Püree aus dem Glas)
und 1/2 Tasse ***Reis***
M mit 3–5 ***Nelken***
W in reichlich ***Wasser*** weich kochen. Die Kastanien zerdrücken oder pürieren. Zuvor die Nelken entfernen! Mit wenig ***Salz,***
H 1 Spritzer ***Zitronensaft,***
F etwas ***Kakao*** würzen
E ev. mit gerösteten, fein gehackten ***Walnüssen*** und ***Zimt*** bestreuen.

Apfelkompott
Wasser mit
dem Saft von 1/2 ***Zitrone,***
einer dicken ***Zitronenschale,*** und
geschälten, geschnittenen ***Äpfeln, Rosinen, Maulbeeren, Marillen*** oder anderen Trockenfrüchten, 1 ***Zimtstange, Vanillestange,***
1 Scheibe ***Ingwer*** und 2–3 ***Nelken***
einige Minuten aufkochen, Gewürze entfernen. Das Kompott hält sich mehre Tage lang und kann je nach Lust und Laune gesüßt werden, die Früchte können für kleine Kinder püriert werden.

Tipp

Geben sie die Gewürze für das Kompott in ein Tee-Ei oder in ein Teefiltersäckchen, das sie mit einer Wäscheklammer einfach an den Topfrand klemmen. So ersparen sie sich das lästige Fischen nach den einzelnen Zutaten.

Vegetarisch

Selleriegemüse mit Spätzle

(Ab dem 10. Monat)

E 1 ***Zwiebel*** klein schneiden
in 1 EL ***Butter*** glasig anlaufen lassen
mit 1 EL ***Mehl*** stauben,
einbrennen lassen
kurz vom Herd nehmen
mit 1/4 l ***Milch*** oder Wasser aufgießen
1/2 ***Sellerieknolle*** (ca. 250 g) in Würfel
schneiden und dazu geben,
M mit ***Galgant***
W ***Salz,***
H etwas ***Zitronensaft*** würzen
F 10 Minuten köcheln lassen

Kürbisspätzle
150 g ***Mehl*** (ich empfehle Grünkernmehl) mit
100 g ***Kürbismus***
Kürbis schälen, in kleine Stücke schneiden und 5 Minuten in reichlich Wasser kochen, abseihen und pürieren, oder durch eine Kartoffelpresse drücken,
1 ***Ei,***
Kümmel,
Salz und ca. 1/16 l ***Wasser*** rasch vermengen, mittels Nockensieb oder -reibe in siedendes ***Salzwasser*** geben und ca. 1 Minute kochen lassen. Abseihen, abschrecken und in ***Butter*** mit ***gehackten Walnüssen*** oder ***Pinienkernen*** schwenken.

Tipp

Dieses Rezept eignet sich hervorragend, wenn ihr Kind völlig durchnässt und erfroren vom Schneemannbauen oder der Schlittenfahrt nachhause kommt, kurz, wenn Wind und Kälte Tür und Tor offen stehen. Denn Galgant vertreibt die Kälte aus dem Körper.

Variante

Statt des Kürbismuses kann man auch Karotten verwenden.

Chili con carne

2–3 handvoll ***Nieren- oder Käferbohnen***
mehrere Stunden, am besten
über Nacht, einweichen,
mit einem Spritzer ***Zitronensaft,***
Salbei,
einer ***Karotte,***
Lorbeer, Majoran,
Fenchelsamen und
1 Stück ***Kombu-Alge***
in reichlich ***Wasser***
ca. 1–2 h weichkochen.
(Je älter die Bohnen, umso länger
wird die Kochzeit)

F In einer heißen Pfanne,
E ***Öl*** erwärmen,
eine ***kleingeschnittene Zwiebel*** anbraten,
eine würfelige geschnittene ***Karotte,***
1 Stück ***Paprika,***
150 g ***faschiertes Rindfleisch*** und
M ***Ingwer,*** fein gehackt mitbraten,
1 Msp ***Chilipulver*** oder 1–2 ***Chilischoten***
und
W die weichen ***Bohnen*** dazugeben,
Suppe angießen
mit ***Salz,***
H 1–2 EL ***Tomatenmark*** oder ***Ketchup***
F ***Kurkuma*** und ***Paprikapulver*** würzen,
mind. 30 Minuten köcheln lassen,
gegebenenfalls noch etwas Suppe oder
Tomatensaft angießen
E ev. 1 Tasse ***Zuckermais*** dazugeben,
M mit ***Liebstöckl, Oregano*** und
W ***Salz*** abschmecken.
Mit 1 TL ***Pfeilwurzelmehl*** –
in Wasser aufgelöst – eindicken.
H mit einem Schuss
unpasteurisiertem Essig oder ***Umesu***
und ***gehackter Petersilie*** servieren

Tipp

Wenn sie abnehmen wollen (Feuchtigkeit ausleiten wollen), dann können sie statt der Nierenbohnen auch die kleinen Adukibohnen verwenden.

Hühnerroulade in Kokossoße mit Ingwer

E 3 kleine ***Karotten*** schälen und
5 Minuten bissfest kochen.
3 ***Hühnerschnitzel*** vorsichtig klopfen
(dazu das Fleisch zwischen 2 Lagen
Frischhaltefolie legen).
Je ein Stück Karotte auf ein Schnitzel legen
und einrollen, mit Küchengarn festbinden.
1 ***Zwiebel*** klein schneiden und mit den
Rouladen in ***Öl*** anbraten
M ***Korianderkörner, Senfsamen,*** fein mahlen,
1 cm dicke Scheibe ***Ingwer,*** frisch gerieben
dazugeben,
E mit ca. 1/4 l ***Kokosmilch*** aufgießen
1 ***Banane*** in Scheiben geschnitten
dazugeben,
M ***pfeffern,***
W ***salzen,*** evt. noch etwas Wasser angießen,
H etwas ***Zitronensaft*** dazugeben und
F ca. 15 min köcheln lassen.
Frischen ***Thymian*** dazu, mit ***Kurkuma*** und
E ***Kokosflocken*** bestreut
zu Safran-Risi-Pisi servieren.

Schnelle Variante

Statt der Rouladen 1/2 Hühnchen, in kleine Teile geschnitten (oder nur Keulen) verwenden.

Fisch aus dem Rohr

Kartoffeln (ca. 1 kg, pro Person 2–3 Stück)
schälen und vierteln,
in eine Auflaufform oder ein tiefes
Backblech legen, mit
1–2 EL ***Olivenöl,***
Kümmel, Pfeffer, Thymian, Salz,
einreiben.
2 ***Saiblinge*** oder ***Forellen*** salzen,
mit ***Zitronensaft*** beträufeln mit
Zitronen- und Ingwerscheiben füllen und zu
den Kartoffeln legen.
Einige ***Rosmarin- und Thymianzweige***
dazulegen.
Fisch mit nassem Backpapier bedecken,
20 Minuten bei 200°C backen.
Dazu passt neben ***Ketchup*** ➤ *(Rezept siehe Seite 61, Erklärung siehe unten)*
auch ***Petersilienpesto.***

Meine Kinder halten diese Ofenkartoffeln
für die besten Pommes der Welt.

Ketchup wurde vor rund 500 Jahren in China erfunden. Es bestand aus Muscheln, Krebsen oder Fischresten. Es wurde „koe-chiap“ oder „ke-tsiap“ genannt. 1792 kam das erste Ketchup-Rezept mit Tomaten heraus.

Bratapfel

Pro Person
einen ***Apfel*** waschen und das
Kerngehäuse entfernen,
mit einer Mischung aus
Preiselbeermarmelade,
Kakaopulver,
gemahlenen Nüsse, Mandelmus, Rosinen,
Zimtpulver,
wenig ***Ingwersaft*** und
1 Prise ***Salz*** füllen.
Mit einem Spieß kleine Löcher in die Äpfel
bohren und mit ***Mandelstiften*** spicken.
Apfel auf einen tiefen Teller setzen,
etwas ***Apfelsaft*** oder Wasser dazu gießen,
1 Stück ***Butter*** auf den Apfel legen und
im Ofen ca. 20–30 Minuten bei 180°C backen.
Ev. nach 15 Minuten abdecken.

Ingwersaft
Ein Stück Ingwer fein reiben, die Masse
zwischen den Fingern ausdrücken – geht
besser als mit der Knoblauchpresse.

Tipp

Statt der Nüsse können sie auch Marzipan als Füllung verwenden.

Überbackenes Obst mit Lebkuchenmuffins

Eine feuerfeste Form mit Butter ausfetten,
1 ***Orange*** filetieren: wie einen Apfel schälen und die Orangenspalten mit einem kleinen, scharfen Messer aus den Zwischenhäuten schneiden.
1–2 ***Kiwi*** schälen und in Halbmonde (halbierte Scheiben) schneiden,
1 ***Apfel*** ev. schälen und in Spalten schneiden.
Das Obst in die vorbereitete,
feuerfeste Form schichten.
1/4 l ***Milch,*** mit
2 EL ***Zucker, Vanillemark*** und
3 EL ***Maismehl*** unter
ständigem Rühren aufkochen lassen,
den Pudding überkühlen lassen!
2 ***Eier*** trennen,
Dotter mit
1 Msp ***Zimt*** zum Pudding geben
und einrühren.
Eiklar zu Schnee schlagen und mit
1 Prise ***Salz*** der Masse unterheben.
Puddingmasse über die Früchte verteilen und ca. 30 Minuten bei 175°C backen.

Lebkuchenmuffins, 12 Stück

Kinderleicht

Nehmen sie eine große
Rührschüssel und geben sie
H 2 Tassen (ca. 200 g) ***Mehl,***
2 TL ***Backpulver***
F 1 TL ***Kakaopulver,***
etwas ***abgeriebener Zitronenschale,***
E 1/2 Tasse (ca. 60 g) ***Zucker***
3 EL (ca. 50 g) ***Rosinen,***
1/2 Tasse (ca. 50 g) ***gemahlene Mandeln***
2 ***Eier,***
1/2 Tasse (100 ml) ***Rapsöl***
(keine kaltgepressten Öle verwenden)
1/2 TL ***Zimt,***
M 1/2 TL ***Nelkenpulver,***
je 1 Löffelspitze ***Muskat*** und ***Kardamom***
oder statt dieser Gewürze einfach
1 TL Lebkuchengewürz !
W 1 Prise ***Salz*** und
H 1 Tasse ***Joghurt*** hinein.

Alles rasch verrühren, in Muffinsförmchen füllen und ca. 20 Minuten bei 180°C backen. Ev. mit Schokoglasur überziehen und mit Mandelsplittern bestreuen.

Tipp

Wenn ihre Kinder keine Rosinen mögen, hacken sie die getrockneten Trauben einfach ganz klein, das geht am besten in der Küchenmaschine oder mit dem Pürierstab und mengen sie das süße Rosinenmus dem Lebkuchenteig unter.

Variante

Mohnmuffins: Dafür die Rosinen durch 1 kleingeschnittenen Apfel und die Mandeln durch Mohn ersetzen.

Puffer mit Schokosoße

5–6 ***Äpfel*** (ca. 1 kg) schälen und grob reiben,
mit
1 ***Ei*** vermischen, mit je
einer Msp. ***Zimt*** und ***Ingwer*** sowie
wenig ***Salz*** würzen,
5–6 EL (ca. 50–60 g) ***Mehl*** untermengen,
alles kurz ziehen lassen und
in einer beschichteten Pfanne mit
wenig ***Öl*** oder ***Butterschmalz*** ausbacken.

Für die Schokosoße
1/16 l (62,5 ml) ***Wasser*** mit
1 Spritzer ***Zitronensaft,***
1 EL ***Kakao*** und
1–2 EL ***Zucker*** aufkochen,
2–3 Reihen (ca. 50–80 g) ***Schokolade,***
darin schmelzen lassen,
mit 1/8 l ***Schlagobers*** aufgießen,
1 Prise ***Kardamom*** dazugeben,
nochmals aufkochen lassen,
alles kräftig aufschlagen
und zu den Puffern servieren.

Variante

Statt der Äpfel einmal Süßkartoffeln oder gut ausgedrückten Kürbis verwenden.

Mohnnudeln

500 g ***ungeschälte, mehlige! Kartoffeln***
in ***Salzwasser*** weichkochen, schälen
und ausdämpfen lassen, die noch heißen
Kartoffeln durch die Presse drücken,
oder mit einer Gabel fein zerdrücken, mit
120 g ***Mehl,***
1–2 EL ***Grieß,***
1–2 EL ***Butterflocken*** und
1 ***Ei*** rasch zu einem Teig verarbeiten.
3 Rollen formen und jeweils 1 cm dicke
Stücke abschneiden, zu „Nudeln" formen.
Diese in kochendes Salzwasser geben und
5 Minuten ziehen – nicht kochen – lassen,
wenn sie oben schwimmen, sind sie fertig.
Danach abtropfen lassen.
In einer heißen Pfanne
100 g ***gemahlenen Mohn*** mit
ca. 50 g ***Butter*** und würzigem ***Honig*** oder
Zucker nach Geschmack verrühren,
Zimt und ***Kardamom*** dazugeben,
die Nudeln darin schwenken.
Dazu schmeckt Zwetschen- oder Kirschkompott.

Variante

Wenn's mal schnell gehen soll, kann man für Kinder ab dem 1. Geburtstag statt der Kartoffelnudeln einfach vorgekochte (Schmetterlings)-Nudeln in Mohn und Butter schwenken.

Wärmender Rinder-Topf

1 ***rote Zwiebel,*** klein geschnitten in etwas
Öl anbraten
250 g ***Rind- oder Kalbfleisch*** (Brust oder Schulter), in kleinen Würfeln mitbraten,
2 ***Karotten***
1 ***Kartoffel*** und
1 ***dicke Scheibe Sellerie,*** in Würfeln und
1/2 ***Stange Lauch,*** in Ringen dazugeben,
mit ***Kümmel,***
Ingwer, fein geschnitten
Lorbeerblatt und
einigen ***Wacholderbeeren*** würzen,
mit ***Wasser*** oder ***Suppe*** bedecken,
1 TL ***Tomatenmark*** oder ***getrocknete Tomaten,*** klein geschnitten unterrühren,
1–2 ***Rote Rüben*** schälen und dazu reiben,
alles mind. 1 Stunde köcheln lassen,
die Suppe mit einem ***Schuss Essig***
oder ***Umesu, Petersiliengrün***
und etwas ***Sauerrahm*** servieren.

Fürs Baby
Einen Teil der Suppe pürieren
und als Brei füttern.

Linsen-eintopf

F in einen heißen Topf
E etwas ***Öl*** geben,
klein würfelig geschnittenes ***Gemüse:***
z.B. Karotten, Kartoffeln,
Kürbis und Sellerie,
M ***Zwiebel*** und ***Ingwer,*** fein gehackt anschwitzen,
Kümmel, Koriander und
W 1 Tasse ***gewaschene rote Linsen*** dazugeben
4 Tassen ***Wasser*** oder Suppe angießen,
H mit 1 TL ***Tomatenmark***
F ***Kurkuma*** und ***Paprikapulver*** würzen und ca. 20 Minuten kochen lassen
E eventuell ein Paar ***Würstel*** in Stücke schneiden und mitkochen
M mit ***Pfeffer*** und
W ***Salz*** abschmecken
H 1–2 Löffel ***Essig*** unterrühren,
mit ***Petersilie*** bestreut servieren.

Fürs Baby
Den Eintopf pürieren.

Tipp

Versuchen sie es auch mal mit grünen Berglinsen (Puy-Linsen) oder schwarzen Belugalinsen

BIO Tamari

Schnell

Haferschleimsuppe

(Ab dem 10. Monat)

Pro Person 2 EL ***Haferflocken*** mit
etwas frischem ***Ingwer,*** fein geschnitten,
Liebstöckel, getrocknet oder fein gehackt und
1 ***Lorbeerblatt***
in 1/4 Liter ***Suppe*** kochen
fein würfelig geschnittenes Gemüse nach Lust und Laune mitkochen
z.B. ***Karotten, Sellerie, Kohlrabi . . .***
mit ***Muskatnuss, Salz,*** ev. Sojasoße abschmecken.

Tipp

Diese Suppe nicht abends essen, denn sie macht fit und munter und die Kleinen sticht dann im wahrsten Sinne des Wortes der Hafer.

Süße Nusssuppe

1 kleine Tasse (nicht geröstete) ***Erdnüsse***
hacken mit
1 kleinen Tasse (je ca. 50 g) ***Quinoa*** und
2–3 ***Kardomomkapseln*** in ca.
1 Liter ***Wasser*** zu einem Brei verkochen, mit
1 Prise ***Salz***
1 EL ***Orangensaft,***
1 Msp. ***Kakao*** und
1 TL ***Honig*** servieren.

Die Suppe ist sehr gut bei Verkühlung, Lungenproblemen, Schleim-Husten . . .

Fürs Baby
Den Honig kurz mitkochen und alles pürieren, damit es sich nicht an den Nussstücken verschlucken kann.

Wissenschafter der Duke University haben im Tierversuch festgestellt, dass die Nachkommen von Ratten, die während der Schwangerschaft Erdnüsse bekommen haben viel klüger sind als die der Kontrollgruppe ohne Erdnüsse.

Hilfe, mein Kind ist krank – Ernährungstipps im Krankheitsfall

Was tun bei Erkältung?

In der TCM unterscheidet man zwei große Symptomgruppen von Erkältungskrankheiten, nämlich die Wind-Kälte und die Wind-Hitze, welche von außen in die Lunge eindringen. Diese Unterteilung ist jedoch stark reduziert. Das Studium des Shang Han Lu und der Wen Bing Xue ist doch eher eine Lebens-Lernaufgabe.

■ Wind-Kälte

Ihr Kind muss dauernd niesen, die Nase rinnt, der Hals kratzt, es fröstelt, hat Schüttelfrost, eventuell mit Fieber und „einfach" alles tut ihm weh (Glieder- und Kopfschmerzen) . . .
Jetzt ist es wichtig, den bösartigen Eindringling (Krankheitserreger oder auch pathogenen Faktor genannt) so schnell als möglich wieder aus dem Körper zu bekommen, bevor er in tiefere Schichten vordringen kann.
Ihr Kind braucht jetzt einen ***„starken Tee" aus frischem Ingwer und Süßholz gekocht und ev. mit etwas Kandiszucker gesüßt.***
Oder machen sie ihm sofort einen ***„Glühwein" Kochen sie dazu 1/4 l Traubensaft mit 1 Zimtstange, 3 Gewürznelken, 1 Scheibe frischem Ingwer (keinen getrockneten!) auf und süßen ihn mit etwas braunem Zucker.***
Bringen sie den Köper mit einem Fußbad in Ingwersud zum Schwitzen und dann ab ins Bett!
Es ist jetzt leider zu spät die Abwehrkräfte zu steigern, deshalb dürfen keine Zwiebeln, Milchprodukte, Eier, Haferflocken und Hühner gegessen werden. Ganz wichtig ist es, keine Südfrüchte zu essen oder zu trinken. Denn diese würden durch ihren sauren Geschmack und ihre damit verbundene adstringierende (zusammenziehende) Wirkung den pathogenen Faktor im Körperinneren halten. Auch sollten sie ihrem Kind keinen Lindenblüten-, Holunderblüten- oder Pfefferminztee zu trinken geben, meist haben die Kleinen auch kaum Durst.

Bei Hunger
eignen sich am besten Gemüse- oder Rindsuppen – bloß keine Hühnersuppe – mit frischem Ingwer gekocht, lang gekochte Reis- oder Grießsuppen mit Karotten, rotem Pfeffer und dem Grün von Frühlingszwiebeln zubereitet.
Mit einer Schwitzkur in den ersten 24 Stunden einer Erkältung kann man zwar oft das Schlimmste verhindern aber bei schwacher Konstitution oder Neigung zu Feuchtigkeitsansammlungen kommt es oft zu Schleimbildung. Der Körper will sich von dem Schleim befreien und das Kind beginnt zu husten.

Bei schleimigem Husten
helfen wärmende, schleimlösende Speisen wie z.B. Kürbis und Kartoffelstücke mit Majoran und Kümmel gewürzt und im Ofen gegart.
Dazu passt Püree aus weißem Rettich mit Thymian.
Gut schmecken auch Pilze oder grüne Bohnen in der Pfanne mit Frühlingszwiebeln geröstet und mit Essig, Ingwersaft und Salz mariniert, zu Hiobstränen serviert.
Auf alle Fälle vom Speiseplan gestrichen werden sollten Süßreis, Honig, Milch, Nüsse aller Art, Sojaprodukte, Trockenfrüchte und auch Kokosmilch.
Manche Kinder neigen nicht zu Schleimproduktion, sie leiden dann häufig unter einem trockenen bellenden Husten und starken Halsschmerzen.

Bei Halsschmerzen und trockenem Husten

- Höhlen sie einen schwarzen Rettich aus, füllen sie ihn mit 1 TL Vollrohrzucker und trinken sie den entstehenden Saft mit etwas warmem Wasser.
- Kinder mit diesen Symptomen dürfen auch Nüsse, vor allem Erdnüsse, Walnüsse und Pinienkerne essen.
  Außerdem kann ihr Kind viel Mus essen:
  Äpfel und/oder Karotten, Trauben und Birnen schälen, klein schneiden, in Traubensaft mit etwas Zimt weich kochen und pürieren.
- Wichtig ist immer, die Verdauungsorgane durch saftige, leicht verdauliche, gekochte Speisen zu stärken, denn Magen und Milz sind die Mutter der Lunge. ➤ *Siehe dazu auch Kochen im Zyklus, Seite 37.*

■ Wind-Hitze

Das zweite große Muster tritt oft als Folge von Wind-Kälte auf. Aber auch bei Grippe, Windpocken oder Lungenentzündung. Das Kind hat Fieber, schwitzt, der Nasenschleim sowie der Auswurf sind gelblich gefärbt, die Zunge, Mandeln und der Rachen sind gerötet, die Kleinen haben meist auch Durst.
Nun sollten sie lauwarmen Pfefferminz-, Lindenblüten-, Holunderblütentee trinken, den man mit geschälten, weißen Mandeln aufgekocht hat.
Chrysanthemenblüten-Tee oder Kombucha wirken stark abkühlend und sind nur bei Fieber, maximal 3 Tage lang, zu empfehlen.
Bei Angina wirkt ein Süßholztee entgiftend, er hilft auch bei Husten oder Bronchitis.
Echtes Mädesüß als Tee wirkt entzündungshemmend und fiebersenkend und hilft Schleim zu lösen.
Essen darf das Kind leicht kühlende Nahrungsmittel wie gekochte Gerste mit geraspelten Radieschen und viel Kresse, die süße Variante wäre mit Birnenkompott.
Tomatensuppe und Kohlrabisuppe mit Spros-

sen aller Art, Mungbohnensuppe ➤ *(Rezept siehe Grüne-Bohnensuppe im Sommer, Seite 93),* Sellerie, weißes Rettichpüree, Champignons, sowie Rucola oder Löwenzahn als Salat zu Seitan-Würstchen oder ins Hirsotto. Auch rote Grütze schmeckt den meisten und bringt sie schnell wieder auf die Beine.
Vermeiden sie Milch und deren kühlende Produkte, Schokolade sowie Zucker und andere Süßigkeiten, Kakao, Kaffee, alle Limonadengetränke, Knoblauch, Ingwer, Nüsse und Süßreis (Moshireis)
Sollten sie Antibiotika geben, müssen die Bakterien-„Leichen", die von der Medikamenten-„Armee" getötet werden mit Hilfe einer gleichzeitigen Kuzu-Kur beseitigt bzw. ausgeleitet werden:
1 TL Kuzu in 1/4 l kaltem Wasser auflösen, mit etwas frischem Ingwer ca. 15 Minuten köcheln, auf 1/8 l reduzieren, eine halbe Umeboshi-Pflaume (oder 1 TL Paste) dazugeben und trinken. (1x täglich eine Woche lang)

Was tun bei Durchfall?

Durchfall ist nicht gleich Durchfall und sollte daher nicht von vorne herein mit Cola und Salzstangen behandelt werden. Die TCM unterscheidet viele verschiedene Ursachen von Durchfall.
Die bei Kindern häufigsten Arten sind:

■ 1. Nahrungsstagnation:

D.h. das Kind wurde überfüttert oder die Kleinen haben sich schlicht überessen.
Symptome:
Bauchschmerzen, Übelkeit, Erbrechen, Stirn-Kopfschmerzen, Mundgeruch, saures Aufstoßen, der Stuhl ist sauer oder stinkend mit unverdauten Nahrungsresten.

Behandlung:
Kommt ihr Kind von einer Geburtstagsfeier mit diesen Beschwerden nach Hause, dann geben sie ihm einen Löffel unpasteurisierten Essig, oder eine Essiggurke. Achten sie darauf, dass die Gurken die sie kaufen, mit Zucker und nicht mit Süßstoff eingelegt sind.
Da die Kinder sowieso appetitlos sind, fällt es ihnen nicht schwer in den nächsten Stunden nichts zu essen sondern nur warmes abgekochtes Wasser zu trinken.
In den nächsten Tagen sollte nur weißer Reis mit Karotten und ev. Stangensellerie gegessen werden. Mit Koriander und Sojasoße würzen.
Oder Grießbrei mit Apfel, mit Gerstenmalz gesüßt mit etwas Grapefruitsaft abgeschmeckt.

■ 2. Äußere Kälte oder Wind-Kälte:

Symptome:
Kalte Hände und Füße, Darmkollern, und dumpfer Bauchschmerz, der plötzlich auftritt, heller, wässriger Durchfall, der weder brennt

noch stinkt, das Kind hat wenig bis keinen Durst, eventuell schon andere Erkältungszeichen wie rinnende Nase, Kopfschmerzen und Fieber.
Diese Art von Durchfall tritt auch häufig im Sommer auf, wenn das Kind beim Schwimmen lange im Wasser war und viel Eis oder Joghurt und Wasser-/Melonen gegessen hat.

Behandlung:
Unbedingt wärmen, auch die Füße, eine Wärmeflasche auf den Bauch legen und einen Fencheltee mit Sternanis, Nelken, Zimt und Süßholz kochen.
Zum Essen gibt's Süßreis-Congee mit Marillen, Zimt und Sternanis, es schmecken auch Chili con carne. ➤ *Rezepte siehe Seite 126, 131.*

■ 3. Feuchte Hitze:

Symptome:
treten auf, wenn das Essen verdorben oder schlecht war und sind oft auf zu fette Nahrungsmittel wie Krapfen mit Cola, Pommes mit Majonnaise, aber auch Chips und Orangensaft zurückzuführen.
Völlegefühl, trockener Mund, viel Durst auf kalte Getränke, stinkender, gelber Stuhl, häufiges Entleeren (bis zu 20x am Tag), Brennen am After, kein auffällig schlechter Atem, das Kind will keine Wärmeflasche haben.

Behandlung:
Es ist ganz wichtig keine fetten Speisen zu essen, nichts scharf Gewürztes oder Angebratenes bzw. Gegrilltes, keine Zwiebeln, keinen Knoblauch und Lauch!
Um den Durchfall zu stoppen kommt hier das gute alte Hausmittel der getrockneten Heidelbeeren zum Tragen.
Statt der **amerikanischen Diät** mit Cola und Salzstangen, kochen sie besser einen sehr starken schwarzen Tee mit einigen Orangenschalen und 1–2 Kardamomkapseln, gut schmeckt den Kindern auch Maishaartee oder grüner Tee mit Zuckerrohrmelasse.
Zum Essen gibt's Reissuppe mit Zucchini und Champignons oder Gerstenschrotsuppe mit Chinakohl.

■ 4. Qi-Mangel von Milz und Magen

Symptome:
Kinder haben ständig breiigen Stuhl, Durchfall vor allem nach dem Essen einhergehend mit Völlegefühl und Müdigkeit nach dem Essen, schlechter Appetit bis Appetitlosigkeit.

Behandlung:
Besonders wichtig ist es wärmende, gekochte Mahlzeiten zu verabreichen um das Milz-Qi zu stärken.
Morgens einen Getreidebrei, mittags Gemüse (z.B. Fenchel, Süßkartoffeln) mit Hülsenfrüchten, abends eine Hühnersuppe mit gerösteten Walnüssen, Sesam und Angelikawurzel gekocht.

Was tun bei Verstopfung?

■ 1. Verstopfung aufgrund von Leber-Qi-Stagnation

Oft können Kinder nicht aufs Klo gehen, wenn sie in einer fremden Umgebung sind, auf Reisen oder nach einem Wohnungswechsel etwa, manch andere sind recht unflexibel und reagieren sogar auf eine neue Klopapier-Marke mit Ablehnung.
Versuchen sie den Verstimmungen, dem Stress oder der Frustration der Kleinen mit viel Ruhe zu begegnen. Bieten sie Jasminblüten- und Rosentee zu trinken an und kochen sie ein Risotto mit viel Safran.

■ 2. Verstopfung aufgrund von Yin- und Blutmangel

Bei trockener Verstopfung kann der Stuhl durch Speisen mit Mangold, Spinat, roten Rüben, Kohlrabi oder Sellerie aufgeweicht werden. Auch Zucchini und Champignons können schmackhaft zubereitet werden ➤ *(z. B. Couscous mit Zucchini und Tofu, Seite 87).*

Verstopfung tritt auch als Folge von Nahrungsstau oder Milz-Qi-Schwäche auf, die Behandlung wurde bereits bei den Durchfallerkrankungen beschrieben.

Sehr hitzige Kinder, die zum Teil auch zu (blutigen) Hautausschlägen neigen können morgens einen Schluck Grapefruit- oder Rhabarbersaft bzw. abends etwas Weizentee oder Algensuppe trinken.
In der chinesischen Medizin wird Verstopfung bei Kindern häufig auf die Psychologie der Organe, hier der Organe des Metallelements – Lunge/Haut und Dickdarm – zurückgeführt.
Sind also Faktoren wie Ortswechsel, Reisen, Stress, falsche Ernährung mit zuviel Rohkost, Milchprodukten und Bananen oder hohes Fieber aufgrund einer Infektionskrankheit aber auch (chronische) Lungenentzündung oder Anämie auszuschließen und leidet ihr Kind dennoch ständig unter Verstopfung, so sollten sie versuchen, folgende Fragen zu beantworten:

Hat ihr Kind eine eher traurige Grundstimmung?
Neigt es zu Selbstmitleid?
Hat es Zukunftssorgen?

Könnte es sein, dass es sich eingeengt fühlt, durch ein Zuviel an gutgemeinten Ratschlägen und übertriebener Fürsorge oder Liebe?
Fühlt sich ihr Kind oft ungerecht behandelt, z.B. durch strikte, zwanghafte Regeln?
Die Kunst der Behandlung besteht darin, dem Kind Grenzen aufzuzeigen ohne seine Intuition und damit die Entwicklung zu einem gesunden Menschen zu beschneiden.

Gerade bei Kindern ist es wichtig, nicht abzuführen, schon gar nicht mit Abführmitteln,

sondern mit Hilfe von Nahrungsmittel aufzuweichen.
Hier helfen z.B. Mandeln oder Mandelmus, Leinsamentee und das alte Hausmittel – eingeweichte Pflaumen.
Bei hartnäckiger Verstopfung vor allem nach einer langen, fieberhaften Erkrankung kann ein Tee aus zwei Teilen Enzian-, Rhabarber- oder Löwenzahnwurzel mit einem Teil Glaubersalz gegeben werden.

Bei Babys gilt es durchaus als normal, wenn sie mehrere Tage – bis zu einer Woche keinen Stuhlgang haben.

Wörterbuch

Bataten .... Süßkartoffeln
Brösel .... Paniermehl
Eierschwammerl .... Pfifferlinge
Essiggurkerl .... Gewürzgurke
Faschiertes .... Hackfleisch
Karotte .... Möhre
Knödel .... Klöße
Lutscher .... Lolli, Schlecker
Marille .... Aprikose
Maroni .... Esskastanie
Orange .... Apfelsine
Pastinaken .... Hammelmöhre
Polenta .... Maisgrieß
Rote Rüben .... Rote Beete, Randen
Sauerrahm .... saure Sahne
Schlagobers .... süße Sahne
Schöpfer .... Schöpfkelle
Selchfleisch .... Kassler
Topfen .... Quark
Vogerlsalat .... Feldsalat, Rapunzel

Rezeptindex

Sachindex

Verwendete Literatur

Die Wandlungsphasen der trad. Chin. Medizin
U. Lorenzen, A. Noll,
Müller & Steinicke Verlag, München, 2000

Das Yin und Yang der Ernährung
Bob Flaws, H. Lee Wolfe, vergriffen

5 Elemente Küche
Ursula Wetter, ATVerlag,
2. Auflage, Aarau 2000

Die Fünf Elemente Ernährung für Mutter und Kind
Barbara Temelie, B. Trebuth, Joy Verlag,
10. Auflage, Sulzberg 1999

Chinesische Heilkunde für Kinder
Bob Flaws, Joy Verlag, Sulzberg,1998

Kochen und leben mit den Fünf Elementen
M. Heinen, Windpferd Verlagsgesellschaft mbH,
4. Auflage, Aitrang 2001

Das Tao der Ernährung
Stephen T. Chang, Ariston Verlag 1993

Chinesische Hausmittel
Susanne Hornfeck, Nelly Ma; Dtv,
2. Auflage, München 2003

Rezepte und Tipps für Babys Beikost
Ingeborg Hanreich, Eigenverlag, Wien 2002

WEITERFÜHRENDE LITERATUR

Die Botschaft des Wassers
Masaru Emoto, Koha Verlag, 1. Auflage 2002

Kritik der Arzneimittelroutine
bei Schwangeren und Kleinkindern
Friedrich P. Graf, Sprangsrade-Verlag,

Die Hebammensprechstunde
Ingeborg Stadelmann, Eigenverlag